江苏法治蓝皮书
LUE BOOK OF RULE OF LAW IN JIANGSU

法治江苏建设 2018年发展报告

中共江苏省委全面依法治省委员会办公室 编

THE DEVELOPMENT REPORT OF
RULE OF LAW IN JIANGSU PROVINCE IN 2018

河海大学出版社
·南京·

图书在版编目（CIP）数据

法治江苏建设2018年发展报告/中共江苏省委全面依法治省委员会办公室编．—南京：河海大学出版社，2019.9

ISBN 978-7-5630-6123-5

Ⅰ.①法… Ⅱ.①中… Ⅲ.①社会主义法制—建设—研究报告—江苏—2018 Ⅳ.① D927.53

中国版本图书馆CIP数据核字（2019）第194121号

书　　名	法治江苏建设2018年发展报告
书　　号	ISBN 978-7-5630-6123-5
责任编辑	毛积孝
特约校对	李国群
装帧设计	黄　煜
出版发行	河海大学出版社
地　　址	南京市西康路1号（邮编：210098）
网　　址	http：//www.hhup.com
电　　话	（025）83737852（总编室）（025）83722833（营销部）
经　　销	江苏省新华发行集团有限公司
排　　版	南京新翰博图文制作有限公司
印　　刷	南京工大印务有限公司
开　　本	787mm×1092mm　1/16
印　　张	14
字　　数	169千字
版　　次	2019年9月第1版
印　　次	2019年9月第1次印刷
定　　价	100.00元

目　　录

综合报告

2018年法治江苏建设综述 ······ 3

领域报告

2018年地方立法工作发展报告 ······ 21

2018年法治政府发展报告 ······ 29

2018年政协参与法治建设发展报告 ······ 36

2018年法治宣传教育发展报告 ······ 43

2018年审判工作发展报告 ······ 50

2018年检察工作发展报告 ······ 58

2018年公安工作发展报告 ······ 67

2018年司法行政发展报告 ... 75

2018年省级机关法治建设发展报告 ... 84

2018年基层民主法治发展报告 ... 90

2018年企业法治建设发展报告 ... 98

区域报告

2018年法治南京发展报告 ... 109

2018年法治无锡发展报告 ... 118

2018年法治徐州发展报告 ... 128

2018年法治常州发展报告 ... 136

2018年法治苏州发展报告 ... 144

2018年法治南通发展报告 ... 152

2018年法治连云港发展报告 ... 160

目 录 2018

2018年法治淮安发展报告 168

2018年法治盐城发展报告 176

2018年法治扬州发展报告 185

2018年法治镇江发展报告 193

2018年法治泰州发展报告 201

2018年法治宿迁发展报告 209

综合报告

2018年法治江苏建设综述

2018年是全面贯彻落实党的十九大精神的开局之年，也是在新的起点上开创法治江苏建设新局面的关键之年。全省各地各部门认真贯彻落实党的十九大和习近平总书记在中央全面依法治国委员会第一次会议上的重要讲话精神，牢牢把握全面依法治国的新部署新要求，切实加强组织领导，健全完善工作机制，积极探索创新举措，着力夯实基层基础，科学立法、严格执法、公正司法、全民守法取得了新进展，为建设"强富美高"新江苏、推动高质量发展走在前列提供了有力的法治保障。人民群众对法治建设的满意率达97.46%，比2017年上升0.58个百分点。

一、法治江苏建设迈上新的台阶

一是强化组织领导。 在年初下发的《中共江苏省委常委会2018年工作要点》"积极推进社会主义民主法治建设"部分中，明确要求"深化法治江苏建设实践"，明晰了责任部门和重点任务。省委书记娄勤俭到省法院、省检察院和最高人民法院第三巡回法庭走访调研时专门强调，在新的历史方位推动江苏探索性、创新

人民群众对法治建设满意度

年份	满意度
2008—2009	84.63%
2010—2011	86.66%
2012	87.40%
2013	92.28%
2014	93.22%
2015	95.20%
2016	95.30%
2017	96.88%
2018	97.46%

性、引领性发展，法治建设走在全国前列既是重要保障也是应有之义。省委常委、政法委书记王立科在全省政法工作会议上的讲话中，提出了"法治江苏建设进程更快"目标，就深化法治实践作出具体部署。以中央全面依法治国委员会成立为契机，按照中央统一部署，进一步健全完善组织机构。8月10日，省委成立全面依法治省委员会，统一部署和组织全面依法治省工作，负责全面依法治省的宏观规划、总体布局、统筹协调、整体推进、督促落实。委员会由省委书记娄勤俭任主任；省委副书记、省长吴政隆，省委常委、政法委书记王立科任副主任。委员会下设立法协调小组、执法协调小组、司法协调小组、守法普法协调小组共4个协调小组。委员会办公室设在重新组建的省司法厅，办公室主任由省委常委、政法委书记王立科兼任。及时制定出台委员会、各协调小组和办公室的工作规则、细则，大力推动各级党委法治议事协调机构及其常设办事机构建设，各地相继完成组建任务，形成上下贯通、协同高效的组织体系，为进一步加强法治建设的组织

省委成立全面依法治省委员会，统一部署和组织全面依法治省工作。
省委书记娄勤俭任委员会主任

领导、协调推动和督促检查工作提供了有力支撑。

二是加大协调指导力度。坚持党对法治建设的集中统一领导，充分发挥党委统揽全局、协调各方的作用。持续狠抓《党政主要负责人履行推进法治建设第一责任人职责规定》实施办法的贯彻落实，定期对各地各部门落实情况进行检查，推动各级领导干部增强法治理念，带头依法决策、依法办事。省委依法治省办加强与法治建设各协调指导工作机构的互动协作，不断完善其统筹协调、分工落实功能。省委依法治省办会同省级机关法治建设协调指导办公室联合举办2018年省级机关法治建设工作处长培训班，就"学习领会习近平总书记关于全面依法治国的新理念新思想新战略"等内容进行研讨培训。加强对设区市、县（市、区）基层法治建设工作的分类指导，在扬州市组织召开全省法治江苏建设工作座谈会，总结各地法治建设工作措施、进展和成效，推广各地特色、亮点和经验，研究部署工作任务。

三是深入推进党委法律顾问制度建设。充分发挥省委法律顾问办公室职能，组织法律顾问围绕制定完善党内法规以及人大立法规划、城市社区治理意见等提出意见建议，邀请省委法律顾问列席省委常委会议，组织法律顾问围绕"一带一路"建设、精准扶贫、乡村振兴中的涉法问题进行调研，为省委重大决策把好法律"关口"。组织对全省法律顾问建立和发挥作用情况进行专题调研，召开法律顾问座谈会，研究加强和改进法律顾问工作具体措施，进一步健全党委法律顾问工作机制，为法律顾问更好发挥作用创造条件。

二、大力推进全面依法治省重点工作

一是地方立法加快发展。在省委领导下，按照以高质量立法护航高质量发展的要求，充分发挥人大在立法工作中的主导作用，制定出台《江苏省人大常委会2018—2022年立法规划》，省、市两级大力推进地方科学、民主、依法立法，全省地方立法工作体系日趋完善。**健全科学立法、民主立法、依法立法机制**。省人大出台《中共江苏省人大常委会党组关于进一步提高地方立法质量的若干意见》，围绕构建"党委领导、人大主导、政府依托、社会参与"的科学立法工作格局，针对地方立法的重点环节和薄弱方面提出20条提高立法质量的具体措施；省人大制定《关于地方性法规制定过程中涉及的重大利益调整论证咨询的工作规范》和《关于地方性法规制定过程中争议较大的重要立法事项引入第三方评估的工作规范》，不断健全立法论证咨询和第三方评估机制；省人大常委会聘任42名立法决策咨询专家，负责对法规草案提出专业意见、建议，并可以参与法规案起草、调研、修改等环节，有效发挥立法专家的"外脑"作用。**推进重点领域立法**。省人大及其常委会全年审议通过地方性法规12件，初审法规5件，批准设区市报批法规44件。在经济领域，制定农村集体资产管理条例，强化对农村集体经济组织及相关人员权益的保护，促进农村集体经济发展和乡村振兴；修改广告条例，规范广告活动，促进广告业的健康发展；制定不动产登记条例，规范不动产登记行为，保护权利人合法权益。在民主政治建设领域，修改省实施宪法宣誓制度办法，适应国家监察体制改革的新情况，激励和教育国家工作人员更好地遵守宪法、维护宪法；制定省人民代表大会常务委员会议事规则，保障省人大常委会依法有序行使职权，提高议事质量和效率；修改省授予荣誉公民称号条例，表彰和鼓励为本省经济建设、社会发展和对外交流与合作等方面作出突出贡献的外国人，促进我省对外开放和国际合作。在社会领域，制定妇女权益保障条例，保障妇女的合法权益，充分发挥妇女在中国特色社会主义建设中的作用；修改奖励和保护见义勇为人员条例，加强和规范见义勇为人员奖励和保护工作，保障见义勇为人员的合法权益；制定地方志工作条例，完善地方志编纂体系，确立地方志书审查验收制度，促进地方志的开发利用。在环境资源保护领域，开展法规集中清理，审议通过关于修改《江苏省大气污染防治条例》等16件地方性法规的决定，共对94条条款作出修改；审议通过关于修改《江苏省湖泊保护条例》等18件地方性法规的决定和关于废止《江苏省环境保护条例》的决定。**强化规范性文件备案审查**。省人大围绕"有件必备、有备必审、有错必纠"的备案审查工作要求，注重立法监督实效，扎实推进备案审查工作有序开展。今年共接收报送备案的规范性文件62件，其中省政府规章5件、省政府规范性文件16件、设区市政府规章31件、设区市人大常委会决议决定10件，公民、法人和其他组织向省人大常委会提出审查建议6件。

二是法治政府建设全面提速。全省各级政府以市场为导向、以改革为动力、以法治为引领，加快转变职能，推进简政放权，服务保障民生，依法行政的能力和水平不断提升。**继续深化"放管服"改革。**大力推进行政审批制度改革，推进"不见面审批服务"，推动江苏政务服务网向基层延伸，逐步建成省市县乡村五级全覆盖，全面实现"3550"目标。省市县三级公布不见面审批（服务）业务109105项，占应上尽上、全程在线政务服务事项比重超过90%。全面深化机构改革，推进行政机构、职能、权限、程序、责任法定化，组织开展《法治政府建设实施纲要（2015—2020年）》贯彻落实情况督查和法治政府建设考评工作，优化完善考评指标和考评方式，促进政府依法全面履行职能。积极做好深化经济发达镇行政管理体制改革和"证照分离"改革试点工作，积极推进"照后减证"，推广实施电子证照、虚拟证照，清理涉及"放管服"改革的省政府规章，对国家层面设定的证明事项进行全面梳理审核，积极推动构建法治化营商环境。组织对全省两批相对集中行政许可权改革试点工作进行评估，梳理前期试点工作中存在的问题，并对下一步改革试点工作提出以"在尊重相对集中

江苏政务服务网"不见面"审批服务

行政许可权制度规律的前提下扩大改革试点"为核心的四个方面具体建议。深化政府法律顾问制度，市县两级政府的法律顾问制度已100%建立，省级机关制度出台率达95%。充分发挥政府法律顾问新型智库作用，在重大行政决策、重大改革举措、政府合同和政府重大事项等方面拓展政府法律顾问有效参与的途径和形式。**不断完善依法行政制度体系**。严格执行立法法规定，研究制定《江苏省规章制定程序规定》，规范政府立法活动，扎实推进政府立法精细化。坚持政府立法与改革发展决策相衔接，突出重点领域立法，审核完成并推动出台一批地方特色鲜明、针对性和实效性都较强的高质量法规规章。设区市中，苏州市出台规范江南水乡古镇保护的《苏州市江南水乡古镇保护办法》；南京市出台规范长江岸线保护的《南京市长江岸线保护办法》。加强保障公民权利和改善民生、保护生态环境和加强政府自身建设等重点领域政府立法，完善政府立法项目向社会公开征集制度，提高政府立法公众参与度，建立健全政府立法草案起草征求人大代表意见、立法协商、重大利益调整论证咨询等机制。加强政府规章、规范性文件备案审查制度和能力建设，建立政府规章和规范性文件清理长效机制，加大规范性文件和政府重大事项合法性审查力度，组织开展重大行政决策规范化管理试点工作，提升政府依法决策水平。**深入推进行政执法体制改革**。按照中央关于深化行政执法体制改革的有关部署，研究拟制《关于深化综合行政执法体制改革的指导意见》，对构建地方综合执法体系、明确执法职责权限、加强执法队伍建设、创新执法监管方式提出具体要求。加强相对集中行政处罚权工作方案的指导、审核，制定出台《关于做好经济发达镇行政管理体制改革涉及的相对集中行政处罚权报批工作的意见》，明确相关要求和报批程序，深入开展相对集中行政处罚权工作。在市场监管、公共卫生、安全生产、文化旅游、资源环境等领域，以及开发区、县级镇域、风景名胜区等区域，推进综合执法，相对集中行政处罚权，继续推进县（市）城市管理领域相对集中行政处罚权工作向建制镇延伸。大力推动政务公开，坚持"以公开为常态、不公开为例外"原则，扎实推进决策、执行、管理、服务、结果"五公开"。圆满完成全国基层政务公开试点任务，探索形成了一批具有江苏特色的基层政务公开试点成果。积极推行行政权力网上公开透明运行，加强对政府网站的日常监管和考评，全面提升政府网站信息发布、在线服务和互动交流水平。

依法有效化解社会矛盾纠纷。深入推进行政复议工作规范化建设，完善案件受理、答复、审理规则等全流程规范，加大公开听证方式审理力度，强化被申请人的答复举证责任，推进行政复议决定书网上公开，行政复议权威性和公信力明显增强。2018年，省政府收到行政复议申请767件，受理429件，作出不予受理决定189件，作出告知函28件，依法存档97件，尚在补正期间24件。大力宣传仲裁法律制度，完善仲裁与诉讼有效衔接机制，加强仲裁机构规范化建设，强化仲裁员队伍建设。推进"阳光信访"，县级以上人民政府建立网上受理信访平台，推行信访办理流程、办理结果网上实时查询、跟踪、督办、评价。推进通过法定途径分类处理信访投诉请求，对依法应当通过复议、诉讼、仲裁等法定途径解决的事项及时引导群众通过法定途径解决。

三是司法公信力不断提升。按照中央和省委改革决策部署，紧紧牵住司法责任制改革"牛鼻子"，全力推动司法体制改革持续深化，有力保障和促进了公正廉洁司法。**细化落实司法责任**。相继出台《关于加强法官检察官正规化专业化职业化建设全面落实司法责任制的意见》《关于在全省开展司法体制综合配套改革的框架意见》等方案和有关配套文件,为改革有序推进提供了制度保证。突出法官、检察官办案主体地位,分类分级制定权力清单、责任清单,细化法官、检察官等司法人员和办案组织的职权和责任,完善审判、检察委员会议事规则,优化司法办案程序,确保"谁办案、谁负责,谁决定、谁负责"。全省法院院庭长担任承办法官或审判长审理案件占全省法院审理案件总数的 50.84%。扎实推进内设机构改革和办案组织建设,全面推进以县级法院、检察院为重点的内设机构改革,大力推动新型办案组织建设,有效增强了团队协作性和战斗力。全年全省法院受理案件同比增长 6.31%;审执结同比上升 9.25%。全省检察机关办理集资诈骗、非法吸收公众存款案件同比上升 34.3%;依法办理各类破坏生态环境资源犯罪,提起公诉同比上升 23.9%。积极推动案件管理和工作模式创新,推行繁简分流、类案专业化审理,研究制定《关于深入推进矛盾纠纷多元化解和案件繁简分流的实施意见(试行)》,

省委书记娄勤俭视察法院工作

大力推广司法辅助事务外包等做法，着力缓解案多人少矛盾。部分基层法院用30%的办案力量快速审理占全部案件70%的简单案件，繁简分流效果明显。深入推进以审判为中心的刑事诉讼制度改革，研究制定刑事案件收集审查判断证据规则、刑事案件证据审查指引及重点罪名逮捕、起诉证据审查指引等。积极开展刑事案件律师辩护全覆盖试点工作，出台实施意见，明确试点地区、衔接机制、工作职责。**创新完善司法人员分类管理。**高质量推进员额制改革，严格执行遴选标准和程序，建立健全员额退出、增补机制，实行员额动态管理。组织开展新一轮遴选，遴选出员额法官447名、员额检察官262名。探索拓宽法官、检察官选任渠道，开展从律师和法学专家中公开选拔法官、检察官工作，出台《省级政法机关互派优秀中青年干部交流挂职实施办法（试行）》，组织公检法司优秀干部进行首批互派挂职。探索推进法官（检察官）助理招录制度改革，实行专业化管理，完善选拔、使用、培养机制以及选任法官、检察官的衔接机制。加强司法辅助人员队伍建设，在全国率先开展书记员管理体制改革。**积极优化司法职权配置。**依托南京、徐州铁路运输法院、检察院，设立跨行政区划的人民法院和人民检察院，跨行政区划办理行政诉讼等案件。深入推进行政案件"两区分离"集中管辖改革试点工作，有效增强了行政审判的权威。根据知识产权案件特点和司法需求，在南京、苏州设立知识产权法庭，对专利等技术类案件实行划片集中管辖，对普通知识产权案件实行部分集中管辖。大力推进公益诉讼制度改革，省委出台《关于支持检察机关公益诉讼工作的意见》，公益诉讼办案数居全国第一，并办理了全国首例英烈保护公益诉讼案。**切实加强执法司法规范化建设。**持续深化执法司法规范化建设，组织开展执法司法规范化大检查，着力解决执法司法不严格、不规范、不公正、不文明问题。针对群众反映强烈的突出问题，综合采取执法检查、案件评查、专项督查、专题调研等措施，推动建章立制，落实整改，不断健全执法司法权运行制约和监督体系。着力构建新型司法监管机制，持续深化科技融合应用，积极运用现代科技手段实现全程智能监督。大力推进全省政法大数据共享应用服务平台建设，制定信息共享目录（首批），推广电子印章、电子签名、电子指纹捺印等互信互认，初步实现全省公检法司信息资源在线共享应用和刑事案件网上流转办理、涉案财物网上一体化管理、执法司法过程网上全流程监督。积极推动司法公开，推动加强审判流程公开、裁判文书公开和执行信息公开平台建设，自觉接受社会各界和人民群众监督。在全国率先实现案件庭审直播常态化，共网络直播庭审402269场，持续位居全国法院第一，点击观看量超过4亿人次，占全国法院庭审直播案件总量的23.05%。不断深化涉法涉诉信访改革，积极推动涉法涉诉信访重点难点问题的解决，着力推进完善涉法涉诉信访重点人员库，推动加强涉法涉诉信访终结和后续管理工作，规范依法处理信访活动中的违法行为，强化涉法涉诉信访风险预测预警预防，较好实现了全省涉法涉诉信访形势稳中有降、平稳可控。

四是法治社会建设成效显著。在全国率先出台《江苏法治社会建设指标体系（试行）》，创新打造法治社会建设的江苏样本，经全国普法办批复同意在全省试点。以全面实施"七五"普法规划为契机，大力创新全民法治宣传教育机制，积极运用法治思维和法治方式创新社会治理，不断提升依法治理的水平。**深入开展全民法治教育**。推动宪法学习宣传教育活动全覆盖，印发《关于组织开展宪法学习宣传教育活动的通知》，开展宪法宣传江苏行、"千场巡回演讲"、宪法知识网上闯关竞赛、宪法微视频万屏展播等活动，全国首个"网上宪法馆"上线运行，举办各类法律咨询讲座9500多场次，发放宪法文本、《宪法进万家》宣传册等42万多册，惠及群众400多万人次，"百万党员学宪法学党章考法"活动覆盖1.2万个机关116万名党员，参加宪法知识闯关网民达76.6万人。全面落实"谁执法谁普法""谁服务谁普法"责任制，36家部门联合成立江苏省落实普法责任制联席会议，完成"七五"普法中期检查，实施"法护人生"专项行动，发布《一月一法》普法提示》，联动开展农民工学法活动周、防范非法集资、打击整治枪爆、全民禁毒宣传等47项大型普法活动，有力推动普法由独唱向合唱、单一向多元、软任务向硬指标转变。制定出台深化法治文化建设意见，将法治文化建设纳入党委政府考核评价、法治建设总体部署、公共文化服务指标体系，深入挖掘各地法治文化资源，积极拓展法治文化传播路径，推动法治宣传与党委中心工作、社会主义核心价值观、精神文明创建、优秀传统文化、公民道德实

弘扬宪法精神，走进司法行政——司法行政系统第一届开放日活动

践、群众生产生活"六个深度融合"。新建无锡禁毒教育馆、丰县王文彬法治庭院等94个省级法治文化建设示范点，命名苏州宪法宣传教育馆、常州史良故居暨法治文化馆等14个法治宣传教育基地，法治文化阵地建设实现"量""质"齐升。省委办公厅、省政府办公厅印发《关于进一步把社会主义核心价值观融入法治江苏建设的实施意见》，大力培育和践行社会主义核心价值观，运用法律法规和公共政策向社会传导正确价值取向，推动社会主义核心价值观融入法治建设。**深化公共法律服务体系建设**。以省政府办公厅名义出台《关于加快推进覆盖城乡的公共法律服务体系建设的意见》，把县域公共法律服务体系建设作为"枢纽"和关键，建立自助服务区、实体服务区、数据分析区等"五大功能区"，全面推广"双微双员"，深化实体、网络、热线"三大平台"融合共建，公共法律服务质效明显提升，12348全年累计接听群众来电42万次。推广互联网律师事务所，探索建立"城市法律服务云"，以信息化手段推动服务资源向基层延伸。全面开展公证"最多跑一次"服务、举办"法企同行""法护人生"等活动，共为农民工免费审查用工合同2.9万余件，提供减免公证费服务4万余件，办理法律援助案件9.8万件。坚持发展"枫桥经验"，完善矛盾纠纷有效预防和多元化解机制，圆满完成"矛盾不上交"全国试点

12348江苏法网联万家

工作，推行信访矛盾纠纷代理制度，推动将人民调解协议履行情况纳入社会诚信评价体系，形成了具有江苏特色的工作体系，实现越级进京访、来省访、信访积案"三个明显下降"；研究制定《关于加强人民调解员队伍建设的实施意见》，全省各类人民调解组织共排查纠纷 1405372 次，成功调解矛盾纠纷 1220937 件。**大力推进社会治理法治化**。坚持把扫黑除恶专项斗争作为重大政治任务来抓，围绕深挖彻查"保护伞"、加强基层政权建设等重点任务，对黑恶势力掀起强大攻势。创新升级立体化信息化社会治安防控体系建设，大力推进"雪亮工程"建设，开展出租房屋和流动人口管理集中攻坚行动，强化特殊人群分类服务管理，全省刑事案件保持发案下降、破案上升良好态势。全省域高标准推进网格化社会治理机制创新，初步完成省级网格化社会治理大数据中心（一期）建设，形成了"网格+网络"的基层社会治理江苏模式。深入开展民主法治示范村（社区）创建活动，着力强化动态管理，制定创建工作标准化指南，扎实推进城乡基层群众依法自治、民主管理、自我服务，不断增强基层基本公共服务功能。大力推进诚信江苏和社会信用体系建设，推广国家统一社会信用代码应用，推进国家、省、市一体化建设，实现法人、个体工商户等其他组织代码转换率达 100%。

三、全力抓好省域法治创建工作

一是深化法治创建活动。组织开展全国法治县（市、区）创建活动先进单位推荐评选，我省又新增 19 家"全国法治县（市、区）创建先进单位"获全国普及法律常识办公室发文表彰。截至 2018 年，我省"全国法治县（市、区）创建活动先进单位"已达 71 个、"全国法治城市创建活动先进单位"3 个，全国先进法治县（市、区）创建率达70%以上，处于全国领先水平。认真组织2016—2017年度法治示范县（市、区）创建考核和2017年度法治城市考核，印发考核通报、反馈意见，省委、省政府命名表彰了37个法治建设示范县（市、区）和40个法治县（市、区）创建先进单位。经省委省政府批准，省委政法委、省委依法治省办、省人力资源社会保障厅、省公务员局授予36名同志"全省法治建设先进工作者"称号，给予64名同志记个人二等功奖励。

二是推进法治为民办实事。印发《关于组织实施2018年全省法治为民办实事项目的通知》，统一组织加强民生领域地方法规制定和修改、构建江苏政法大数据平台、联动开展"送法送政策进企业"专题活动、提升12348江苏法网全天候法律咨询服务水平，优化不动产登记"一窗受理、集成服务"模式等8个项目，各地在办好全省性惠民实事的基础上，积极实施地方自选项目，全省各地各部门累计办理法治惠民实事2036件。组织"江苏省

江苏省首批优秀法治实事项目——南京公安"微警务"平台

优秀法治实事项目"评选活动并通报表彰，全面总结2008年以来全省法治为民办实事工作，抓落实、促创新，确保法治建设真正惠及全省广大人民群众。

三是推动区域法治理论研究和成果运用。着力推进法治理论探索和实践创新，完善法学研究与法治实践动态分析联席会议制度，充分发挥南京师范大学江苏法治发展研究院、江苏高校区域法治协同创新中心、中国法治现代化研究院、江苏省法学会地方法治研究会等法治理论智库作用，为法治实践提供智力支持。积极开展专题研究，形成一批优秀理论研究成果，组织完成《江苏省相对集中行政许可权试点工作评估报告》《国有土地使用权出让合同行政条款研究》等，省委书记娄勤俭、省长吴政隆批示肯定成果应用。中国法治现代化研究院在《中国社会科学》等CSSCI期刊以及《人民日报》等重要党报党刊上发表文章106篇，提交决策咨询报告21篇，其中多篇获省委主要领导批示。省委依法治省办会同中国法治现代化研究院在徐州市贾汪区组织召开"新时代基层治理法治化发展"研讨会，呼应了基层关切，有力突出深化法治江苏建设在基层的工作着力点和基层治理法治化的主要内涵，进一步推进基层治理法治化。

（中共江苏省委全面依法治省委员会办公室）

领域报告

2018年地方立法工作发展报告

2018年，全省各级人大及其常委会认真贯彻落实习近平新时代中国特色社会主义思想以及党的十九大和十九届二中、三中全会精神，认真贯彻落实全国人大常委会立法工作会议、第二十四次全国地方立法工作座谈会精神，深刻认识新时代地方立法工作面临的新形势、新任务、新要求，坚持解放思想、开拓创新，加强重点领域立法，着力完善立法工作机制，以高质量立法护航江苏高质量发展，奋力开创地方立法工作新局面。

一、认真做好新一届人大常委会立法规划编制工作，统筹安排本届人大任期内立法工作

换届后不久，省人大常委会即成立了由省委书记、省人大常委会主任娄勤俭任组长，省人大常委会常务副主任、分管副主任、省政府分管副省长任副组长的高规格立法规划编制工作领导小组。在立法规划编制工作领导小组强有力的领导下，省人大常委会法工委分阶段、有步骤地稳步推进立法规划编制具体工作。经过广泛征集立法项目、充分研究论证、反复沟通协调，省人大常

委会党组讨论通过了《江苏省人大常委会2018—2022年立法规划》，并报请省委批准。省委常委会专题研究审定并批准转发了立法规划。立法规划安排正式项目57件，调研项目45件，其中制定项目53件、修改项目49件，涉及推动经济高质量发展、维护市场经济秩序、实施乡村振兴战略、保护自然资源和生态环境、推动社会主义文化繁荣兴盛、保障和改善民生、创新社会治理、加强基础设施建设与管理、加强民主法治建设等9个方面。立法规划在统筹兼顾经济、政治、文化、社会、生态文明建设等各方面立法项目的同时，突出加强生态环境保护、保障和改善民生等重点领域立法，为本届省人大常委会立法工作确定了目标和任务。6月28日，省委召开全省立法工作会议，谋划做好新时代地方立法工作，对实施新一届省人大常委会立法规划进行全面部署，明确了新时代地方立法工作的新形势新任务以及重点领域。

2018年5月10日，省人大常委会法工委召开五年立法规划征求省人大代表意见座谈会

二、认真做好地方性法规审议工作，为建设"强富美高"新江苏提供法治保障

一年来，省人大常委会共审议通过地方性法规12件，初审法规5件，批准设区的市报批法规44件，地方立法工作取得新进展。

一是加强经济领域立法，推动实施乡村振兴战略以及激发市场活力。 制定农村集体资产管理条例，明确规范农村集体资产管理，加强行政监督，强化对农村集体经济组织及相关人员权益的保护，促进农村集体经济发展和乡村振兴。修改广告条例，落实国务院"放管服"改革和简政放权的要求，规范广告活动，促进广告业的健康发展。制定不动产登记条例，规范不动产登记行为，保护权利人合法权益。

二是加强政治领域立法，维护宪法权威，加强人大常委会自身建设。 修改省实施宪法宣誓制度办法，适应国家监察体制改革

2018年12月11日，省人大副主任曲福田带队在兴化市不动产登记中心开展《江苏省不动产登记条例》立法调研

的新情况，激励和教育国家工作人员更好地遵守宪法、维护宪法，彰显宪法权威，捍卫宪法尊严。制定省人民代表大会常务委员会议事规则，保障省人大常委会依法有序行使职权，提高议事质量和效率。修改省授予荣誉公民称号条例，表彰和鼓励为本省经济建设、社会发展和对外交流与合作等方面作出突出贡献的外国人，促进我省对外开放和国际合作。

三是加强社会领域立法，保障和改善民生，切实增强人民群众的获得感。制定妇女权益保障条例，保障妇女的合法权益，促进男女平等，充分发挥妇女在中国特色社会主义建设中的作用。修改奖励和保护见义勇为人员条例，加强和规范见义勇为人员奖励和保护工作，保障见义勇为人员的合法权益，弘扬社会正气，培育和践行社会主义核心价值观。制定地方志工作条例，完善地方志编纂体系，确立地方志书审查验收制度，促进地方志的开发利用。

四是围绕行政审批制度改革和生态环境保护要求，开展法规集中清理，保障改革于法有据。2018年3月，审议通过了关于修改《江苏省大气污染防治条例》等16件地方性法规的决定，共对94条条款作出修改。其中，为深化行政审批制度改革，取消、下放了一批行政审批事项，推动政府简政放权，加快转变政府职能；为落实全国人大常委会关于对涉及生态文明建设和环境保护的地方性法规进行清理的要求，对省大气污染防治条例、省机动车排气污染防治条例等部分法规中部分法律责任条款作了修改，取消了相关法规关于征收排污费的规定。

五是围绕全国人大打好污染防治攻坚战的要求，开展全面的生态环保法规集中清理。2018年7月，全国人大常委会审议通过了《关于全面加强生态环境保护依法推动打好污染防治攻坚战的决议》。为了推进决议的贯彻落实，全国人大常委会要求各省区

2018年10月23日，省人大常委会法工委召开《江苏省人大常委会议事规则》专家论证会

市人大常委会在年底前完成大气污染防治和生态环境保护地方性法规清理任务。省人大常委会对此高度重视，迅速作出部署。11月，审议通过了关于修改《江苏省湖泊保护条例》等18件地方性法规的决定和关于废止《江苏省环境保护条例》的决定。经过清理，废止了不符合上位法规定、不适应形势要求的省环境保护条例，对省大气污染防治条例、关于促进农作物秸秆综合利用的决定等18件与大气污染防治和生态环境保护相关的地方性法规作出修改。设区的市人大常委会也根据要求，抓紧做好地方性法规制定、修改工作。

三、注重立法监督实效，推动规范性文件备案审查工作上新台阶

一年来，省人大常委会紧紧围绕"有件必备、有备必审、有错必纠"的备案审查工作要求，依法履行职责，扎实推进备案审查工作有序开展，取得明显成效。今年共接收报送备案的规范性文

件62件，其中省政府规章5件、省政府规范性文件16件、设区的市政府规章31件、设区的市人大常委会决议决定10件，公民、法人和其他组织向省人大常委会提出审查建议6件。

四、完善立法工作机制，着力提高科学、民主、依法立法水平

党的十九大对立法工作作出新部署，提出"推进科学立法、民主立法、依法立法，以良法促进发展、保障善治。"在全省立法工作会议上，省委书记、省人大常委会主任娄勤俭提出以高质量立法护航高质量发展的明确要求。省人大常委会认真贯彻落实中央重大决策部署和省委要求，在完善立法工作机制上下功夫，着力提高科学、民主、依法立法水平。

一是健全论证咨询和第三方评估机制。经过深入调研，广泛听取意见，省人大常委会法工委组织起草了《关于地方性法规制定过程中涉及的重大利益调整论证咨询的工作规范》和《关于地方性法规制定过程中争议较大的重要立法事项引入第三方评估的工作规范》，经省人大常委会党组研究通过并提请省委全面深化改革委员会审议。10月26日，省委全面深化改革委员会审议通过了"两个工作规范"。"两个工作规范"结合江苏实际，对全国人大常委会办公厅印发的两个工作规范作了补充细化，增强了相关规定的可执行性和可操作性。

二是制定进一步提高地方立法质量的若干意见。为了落实全省立法工作会议提出的以高质量立法护航高质量发展的要求，省人大常委会法工委组织起草了《中共江苏省人大常委会党组关于进一步提高地方立法质量的若干意见》，围绕构建"党委领导、人大主导、政府依托、社会参与"的科学立法工作格局，针对地方立

2018年12月27日,省人大常委会在镇江召开"两规范一意见"贯彻实施座谈会

法的重点环节和薄弱方面提出了20条提高立法质量的具体措施。11月27日,省人大常委会党组通过了"若干意见"。

三是聘任立法决策咨询专家。为了发挥专家的"外脑"作用,经过有关方面推荐和遴选,省人大常委会聘任了114名决策咨询专家。其中,立法决策咨询专家42名,涉及经济法、行政法等不同法律学科,包括部分省外著名法学专家。立法决策咨询专家主要负责对法规草案提出专业意见、建议,并可以参与法规案起草、调研、修改等环节,从而有助于提升科学立法决策水平。

五、开展区域立法协作,支持和保障长江三角洲区域一体化发展

为深入贯彻习近平总书记关于推动长三角地区更高质量一体化发展的重要指示精神,进一步落实长三角地区主要领导座谈会的部署要求和省委相关决策部署,省人大常委会积极参与立法协

2018年10月31日，省人大常委会召开立法决策咨询专家聘任仪式

同实践，推动区域立法协同在支持和保障长三角区域一体化发展中的引领和保障作用。早在2015年2月，省十二届人大三次会议通过的《江苏省大气污染防治条例》就专章对区域大气污染联合防治作出规定，上海、安徽在其制定的大气污染防治条例中也作了相应规定，开创了我国区域立法协同的先河。2018年7月，为加强长三角地区地方立法协作交流，我省人大常委会与沪浙皖人大常委会在杭州签署了《关于深化长三角地区人大常委会地方立法工作协同的协议》，明确了区域地方立法协作的原则、机制、方式以及协作的范围等。11月，省人大常委会通过了《关于支持和保障长三角地区更高质量一体化发展的决定》，规定省及设区的市制定的地方性法规、政府规章、规范性文件的有关制度设计，应当加强与上海、浙江、安徽两省一市的协同，逐步做到标准协同、监管协同、处罚协同。

（江苏省人大法制委员会　供稿）

2018年法治政府发展报告

2018年，全省法治政府建设工作以习近平新时代中国特色社会主义思想为指导，认真贯彻落实党的十九大和十九届二中、三中全会精神，按照党中央、国务院的决策部署和省委部署要求，积极探索，开拓创新，各项工作扎实推进，取得了显著成效。

一、切实转变政府职能

一是推动"不见面审批"服务标准化规范化建设。省政府印发《"不见面审批"标准化指引》，召开标准化试点工作推进会，推广苏州市吴江区和相城区工作经验，努力实现"不见面审批"在事项公布、实现方式、基本流程、申请材料、办理时限、缴纳费用等方面省市县三级标准统一。目前，公布省市县三级"不见面审批"（服务）业务109105项，占应上尽上、全程在线政务服务事项总数的90%。

二是实行"三级四同"权力清单。梳理确定全省"三级四同"基本目录清单10类11503项。全省各地各部门从基础权力清单中认领本部门事项678491项，并逐项按照统一标准规范编制办

江苏政务服务不见面审批网站开通综合服务旗舰店

事指南 708367 个。所有权力清单、办事指南在江苏政务服务网统一管理、分层分级维护、统一发布，并实现清单更新动态化。

三是优化政府组织结构。紧扣改革方案制定、转隶组建、"三定"审核等关键环节，统筹推进省市县三级党政机构改革。按照"先立后破、不立不破"的原则，完成省级 56 个涉改部门的机构组建、职责调整、人员转隶等工作。改革后，省级党政机构由 70 个减至 60 个，精简 14.2%。

四是构建基层"互联网＋政务服务"体系。省政府办公厅印发《关于建立完善基层"互联网＋政务服务"体系的指导意见》，推动江苏政务服务网向乡镇（街道）和村（社区）延伸。各地积极推进政务服务事项网上申报、网上办理，已建立 1346 个镇级站点、20848 个村站点，覆盖率分别为 99.7%、99.6%，初步建成五级政务服务体系。

二、健全依法行政制度体系

一是完善政府立法机制。制定出台《江苏省政府规章制定程

依法行政示范项目专家评审会

序规定》，在建立重大决策先行决定制度、完善立法项目征集论证协调机制、健全多元化起草机制、规范意见咨询机制等方面，进一步优化政府立法工作机制。

二是加强重点领域立法。 坚持立法与改革发展决策相衔接，以高质量立法保障江苏高质量发展。聚焦"三大攻坚战"，制定社会救助家庭经济状况核对办法，开展农村扶贫开发条例、食品小作坊和食品摊贩管理条例等立法后评估，修订失业保险规定、大幅提高失业保险金标准。

三是坚持立改废释并举。 组织开展涉及行政审批、著名（知名）商标制度、军民融合、证明事项、大气污染防治、生态环境保护、民营经济发展等领域的地方性法规、规章、规范性文件专项清理，累计废止、修改省地方性法规、省政府规章56件，废止、修改省级层面规范性文件297件。

规范性文件备案审查专家公开点评会

三、严格规范公正文明执法

一是深化行政执法体制改革。省政府办公厅印发《关于深化综合行政执法体制改革的指导意见》，整合政府部门内部和部门间相同相近的执法职能和资源，在省级原则上不设执法队伍，同时归并执法队伍，推动重心下移、资源下沉。推动市县实行网格化管理，大幅减少市县两级政府执法队伍种类，在市场监管、交通运输、城市建设管理等领域整合组建5—7支综合行政执法队伍。

二是改进行政执法程序。以推动落实行政执法公示制度、执法全过程记录制度、重大执法决定法制审核制度等"三项制度"为主要内容，重点规范行政许可、行政处罚、行政强制、行政征收、行政收费、行政检查等6类执法行为，加强行政执法程序和执法行为规范化建设。

四、依法有效化解社会矛盾纠纷

一是强化行政复议。2018年,全省共收到行政复议申请12845件,受理11160件、占申请数的86.88%。省政府收到行政复议申请767件,受理429件,审结445件,其中确认违法29件、撤销6件、责令履行2件,直接纠错率8.31%,综合纠错率15.96%。

二是规范行政应诉。2018年,全省一审行政诉讼应诉案件13642件,同比增长4.14%。为进一步规范行政应诉工作,省政府办公厅印发《江苏省行政应诉办法》。

三是健全多元化纠纷解决机制。全省各类人民调解组织共排查纠纷1405372次,成功调解矛盾纠纷1220937件,创新开展网上调解、视频调解、微信调解。全省共建立行业性专业性调解组织1940个,企事业单位调解组织4658个。加强和规范行政调解

江苏推行设立"互联网·无人律所",为群众提供在线法律服务

工作，研究制定《江苏省行政调解办法》。发挥仲裁在化解矛盾中的作用，去年全省受理仲裁案件6113件，标的总额为290亿元、同比增长77.9%。

五、强化对行政权力的制约和监督

一是试点重大行政决策规范化管理。做好第二批重大行政决策试点工作总结评估，加快试点成果推广。加强政府法律顾问制度建设，目前市县政府法律顾问制度已全部建立，省级机关的制度出台率达95%。

二是严格审计监督。加大对党中央、国务院重大政策措施贯彻落实情况跟踪审计及重点民生资金和项目审计力度，全年共审计2707个单位，促进增收节支和挽回损失176亿元，推动健全制度55项，移送处理事项277件。开展防范化解重大风险审计，组织全省800余名审计人员采取交叉审计的方式，对省本级、设区市、县（市、区）政府债务和隐性债务情况进行全面审计。

三是推行政务公开。2018年，省政府、省政府办公厅收到政府信息公开申请960件，省政府信息公开复议诉讼案件连续3年实现"零败诉"。制定《江苏省政府信息依申请公开办理规范（试行）》，对信息公开申请接收、登记、审核、答复、送达等9个环节进行统一规范。

六、落实法治政府建设各项保障措施

一是注重统筹协调。省全面推进依法行政工作领导小组印发《江苏省2018年法治政府建设工作计划》，明确深化行政体制改革、加强重点领域立法等32项年度重点工作。

二是重视能力培训。抓住领导干部这一"关键少数"，全年选调 1700 余名各级领导干部参加省委党校 34 个主体班次学习。各地严格落实政府常务会议学法制度，常州市坚持每月一次学纪学法，扬州市政府常务会议学法 10 次，南通市连续 7 年举办全市领导干部依法行政研修班。

全省政府法制工作座谈会

三是加大考核力度。 2018 年，我省将法治工作纳入全省年度综合考核，不断深化依法治省实践。省委全面依法治省委员会办公室、省全面推进依法行政工作领导小组办公室联合印发《2018年度全省法治建设工作评分办法》，修订《江苏省依法行政考核办法》，通过现场查证、民意调查、网上统计报送等方式，开展评分考核。

（江苏省全面推进依法行政工作领导小组办公室　供稿）

2018年政协参与法治建设发展报告

2018年,省政协坚持以习近平新时代中国特色社会主义思想为指导,深入学习贯彻习近平总书记关于加强和改进人民政协工作的重要思想,准确把握专委会的性质定位,紧扣省委、省政府决策部署,围绕中心、服务大局,把围绕推动高质量发展走在前列建言献策作为工作主线,建真言、献良策、出实招,为推进法治江苏、平安江苏建设,促进社会和谐稳定作出了积极贡献。

一、坚持以习近平新时代中国特色社会主义思想为指导,进一步强化思想政治引领

换届以来,通过召开主任会议、全体委员会议、全省政协社会法制和民族宗教委员会工作座谈会等,组织委员参加学习研讨班、江苏政协讲坛、理论研讨会等,进一步深入学习贯彻习近平新时代中国特色社会主义思想,特别是习近平总书记关于加强和改进人民政协工作的重要思想,牢固树立"四个意识",始终坚定"四个自信",坚决做到"两个维护"。学习新修订的宪法和政协章

程以及国家和我省新的政策法规、新的目标要求等，紧扣我省改革发展稳定大局，紧贴省政协年度工作重心，科学谋划全年专委会协商监督、参政议政课题。通过不断学习，按照当好政协人、讲好政协话、做好政协事的要求，进一步增进了委员们的思想政治共识，提升了建言献策能力，为专委会更好地履行职能奠定了共同思想政治基础。

二、组织召开专题议政性常委会议，进一步提升资政建言质量

根据省政协2018年重点工作安排，十二届四次常委会议围绕"保障和改善民生、推动人民生活高质量"进行专题协商议政。会前组织召开了省有关部门负责同志和专家学者座谈会，广泛听取意见和建议。省政协领导同志分别带队赴常州、泰州、宿迁等地调研，13个设区市政协和30多个县（市、区）政协也开展了联动调研。会议共收到各民主党派省委、省工商联、有关人民团体、市县政协和部分住苏全国政协委员、省政协委员提交的大会发言材料107篇。会议期间，陈星莺副省长代表省政府到会通报有关情况并听取大会发言，16位同志作了口头发言，委员们围绕议题开展了分组协商讨论。会议审议并原则通过了《关于保障和改善民生推动人民生活高质量的建议案》，会后报送省委、省政府和有关职能部门研究参阅。此次常委会议还首次通过江苏政协门户网站、"掌上履职APP"、"江苏政协"微信公众号对大会发言进行图文直播，并首次组织委员围绕议题开展网络议政，集中展示了新一届省政协开拓创新的履职成果和委员们资政建言的良好风采。

加强和创新网格化社会治理发展·民生专题协商座谈会

三、组织召开发展·民生专题协商座谈会，进一步拓展协商议政平台

为积极助推省委、省政府创新网格化社会治理机制工作，组织召开以"加强和创新网格化社会治理"为议题的发展·民生专题协商座谈会。为做好协商座谈会准备工作，10月下旬，省政协副主席周继业带领部分委员先后赴苏州市、南京市开展专题调研，考察了基层网格化服务管理中心、网格化社会治理联动中心、网格工作站，并听取两市相关工作情况介绍，了解扫黑除恶专项斗争情况，并与组织部、政法委、公安局、民政局等部门负责同志座谈交流。11月22日，省政协主席黄莉新主持召开发展·民生专题协商座谈会，刘旸副省长和省有关部门负责同志到会听取意见和建议。省政协副主席周继业作主题发言，部分省政协委员、

省政协副主席周继业带队调研网格化社会治理

专家学者以及民革省委和无锡、南通、淮安市政协负责同志也分别发言。大家充分肯定我省加强和创新网格化社会治理工作取得的成效，同时也提出了以下意见和建议：要以基层党建引领为抓手，推进党建网络与综治网格融合，提升网格化服务管理水平；以全要素网格化治理为重点，创新优化"网格+网络"设置，打造稳定的网格员队伍；以信息技术为支撑，建立部门联动、上下统一的智慧化网格服务平台，推动基层社会治理更智能、更高效；以群众满意为目标，通过网格化服务平台为群众提供专业化、特色化、精细化的服务；重视发挥基层群众性自治组织、公益性社会组织、专业化智库与志愿者队伍的协同作用，调动多元社会力量参与，加快形成社会治理人人参与、人人尽责的良好局面。会后形成专题报告报送省委、省政府领导研究参考。

四、继续开展中秋主题帮教活动，进一步擦亮工作品牌

每年中秋佳节，与省妇联、省司法厅共同开展对未成年犯的主题帮教活动，已经成为政协多年来打造的一个工作品牌。9月21日，全国政协教科卫体委员会副主任、省政协原主席张连珍率省有关部门负责同志、部分政协委员、专家学者和社会爱心人士，赴省未成年犯管教所开展第20次主题帮教活动。本次帮教活动以"向上向善、做个好人"为主题，围绕"教育、感化、挽救"这条主线，通过主题报告、教育成果展示、观看专题片和汇报演出等形式，表达了党和政府及社会各界对未成年服刑人员的真情帮助和无私关爱，反映了未成年服刑人员盼望重新做人、早日开启新生的强烈愿望。帮教活动的开展进一步推动了家庭、学校、社会和有关职能部门形成合力，全面提升预防青少年违法犯罪工作水平。

"向上向善、做个好人"主题帮教活动

五、交流探讨政协社会法制委员会工作，进一步形成多方工作合力

为进一步加强对全省政协系统社会法制委员会工作的指导，增进各设区市政协社法委之间的工作交流，及时推广典型经验、深入研究共性问题，6月上旬，在南京召开全省政协社会法制和民族宗教委员会工作座谈会。省政协副主席周继业出席会议并讲话。会议还举办了有关"新宪法修正案与依宪治国"等内容的专题讲座，总结交流近几年全省政协系统社会法制委员会工作经验。与会同志表示，将积极围绕中心、服务大局，找准社会法制委员会履职尽责的着力点。着眼"人民生活高质量"目标履职作为，助推改革发展成果更多更公平惠及全省人民；着眼为高质量发展提供更好法治保障履职作为，助力法治江苏、平安江苏建设向纵深推进。此外，为进一步加强与对口联系的民主党派省委的工作联系，4月初，专委会走访了民革江苏省委，介绍了工作打算，并就共同关心的课题进行了深入交流探讨。今年，还协助全国政协社会和法制委员会做好"司法责任制综合配套改革"、"发挥商业养老保险在养老保障体系中的重要作用"专题调研的服务保障工作。与部分兄弟省（区、市）政协就"加快实施乡村振兴战略""城市公共交通服务情况""优化法治化营商环境""防范化解地方政府债务风险促进经济平稳健康发展"等课题进行了交流探讨。

此外，3月中下旬，派员赴3个省级机关部门以及镇江、常州、无锡市带队核查法治政府建设年度考评核查工作；7月初，组织、推动所联系的总工会界、共青团青联界、妇联界在宁委员就"改善城市宜居环境"开展界别调研活动；8月底，组织、推动社

会福利和社会保障界部分委员就"养老服务业发展情况"开展界别调研活动；12月初，组织部分委员参加司法行政系统"弘扬宪法精神、走进司法行政"开放日活动。

全省政协社会法制和民族宗教委员会工作座谈会

［江苏省政协社会法制（民族宗教）委员会　供稿］

2018年法治宣传教育发展报告

2018年，全省法治宣传教育工作坚持以习近平新时代中国特色社会主义思想为指导，紧紧围绕打造人民满意服务型司法行政机关总目标，紧扣推进普法高质量发展、促进"六个深度融合"，以"尊法学法守法用法"主题实践活动为主线，以落实"谁执法谁普法"普法责任制为总抓手，深入实施法律接受工程，各项工作取得较好成效，为高质量发展和"强富美高"新江苏建设营造了良好法治环境。法治文化建设成效在中国法治论坛（2018）社会主义法治文化建设专题论坛上作了介绍。中小学生"体验式"法治宣传教育经验做法得到司法部傅政华部长的批示肯定。全国普法办批复同意我省试点法治社会建设指标体系。

一、强化政治方向，推动宪法宣传润泽江苏

将宪法学习宣传作为2018年法治宣传首要政治任务，年初会同省6部门印发《关于组织开展宪法学习宣传教育活动的通知》，开展宪法宣传江苏行、宪法知识网络竞赛等八大活动，指导盐城率先推出打鼓说唱《宪法修改我点赞》等4部作品，在全国

唱响以传统曲艺宣传宪法的第一声；推动建成苏州市宪法宣传教育馆，全国首创实体化场馆与数字化网馆同步运行、永不打烊。8月30日在苏州召开深入学习宣传宪法座谈会，对加强宪法学习宣传教育进行再动员、再部署。在各地、各部门自查的基础上，对13个设区市组织开展专项督查，在全省进一步掀起宪法学习新高潮。特别是"12·4"国家宪法日暨宪法宣传周期间，省市县联动开展宪法千场巡回宣讲、宪法宣传进影院进地铁进宾馆、宪法知识网上闯关竞赛、宪法微视频万屏展播等10项活动，举办各类法律咨询讲座9500多场次，发放宪法文本、《宪法进万家》宣传册等42万多册，组织宪法进宾馆影院1327家，惠及群众400多万人次，参加宪法知识闯关网民达76.6万人，在全社会进一步形成了尊崇宪法、学习宪法、遵守宪法、维护宪法、运用宪法的浓厚氛围。我省宪法宣传做法被省委《快报》刊载转发，并在司法部运用新媒体开展宪法学习宣传教育工作座谈会上进行了交流发言。

首个"宪法宣传周"，在南京启动宪法宣传"万屏"多媒联动展播活动

二、强化服务攻坚，引导公民崇尚绿色生活

紧扣污染防治攻坚战，借鉴宿迁文明城市创建经验，联合省5部门部署开展"德法涵养文明·共建绿色生活"主题活动，制定下发项目分解及推进计划表，并在宿迁会议专题部署，推动省市县三级聚焦"绿色出行、绿色企业、绿色村居、绿色校园"，融入文明交通创建、企业社会责任建设试点、村规民约（社区公约）专项治理、青少年"八礼四仪"养成教育等系列活动，打造出南通德法讲习所、宿迁"德法戏曲进校园"、淮安"游园寻法、绿色助行"等近百个德法品牌，深入8000多所中小学校、10万多家企业举办"德法大讲堂"、法治文艺巡演、"以案释法基层行"等5万多场次，发放法治宣传资料670万份，化解环境保护、土地征用等矛盾纠纷1.5万多件，污染防治普法"组合拳""整体仗"显现成效，促进了城乡居民行为方式和消费方式向绿色低碳、文明健康转变。《法制日报》、《新华日报》、《江苏法制报》专题报道了经验做法。

开展"德法涵养文明　共建绿色生活"太湖蓝普法骑行活动

三、强化渗透融合,构建法治文化建设高地

积极探索法治文化建设新路径,联合省级四个部门出台《关于深化社会主义法治文化建设的指导意见》,将法治文化建设纳入党委政府考核评价、法治建设总体部署、公共文化服务指标体系,明确推动繁荣发展、实施惠民工程、创新传播方式、推进法治社会新实践等六大任务。深入挖掘各地法治文化资源,新建无锡禁毒教育馆、丰县王文彬法治庭院等94个省级法治文化建设示范点,命名苏州宪法宣传教育馆、常州史良故居暨法治文化馆等14个法治宣传教育基地,法治文化阵地建设实现"量""质"齐升。积极拓展法治文化传播路径,举办首届普法社会组织公益创投活动,购买扶持了9个创新项目,优选40部"我与宪法"微视频作品参与全国评选,"法润江苏"普法平台展映法治微电影、公益广告等法治文化作品820多部,总浏览量突破1300多万次,进一步形成了全方位、多层次、立体化的法治文化建设新格局。

苏州市宪法宣传教育馆

四、强化主体责任，凝聚法治宣传整体合力

认真落实《江苏省国家机关"谁执法谁普法"普法责任制实施办法》，提请省政府批复同意成立由省司法厅牵头、36家部门组成的省级落实普法责任制联席会议，有效解决了普法责任制动力来源、组织领导和体系构架问题。在此基础上，强化省法宣办协调指导督查功能，对照重点单位普法责任清单，实施"法护人生"专项行动，发布《"一月一法"普法提示》，联动开展农民工学法活动周、防范非法集资、打击整治枪爆、全民禁毒宣传等47项大型普法活动，推动各地编制典型案例787个，研发"法护人生"产品167个，《法护人生》清单浏览量达到1360万人次，有力推动了普法由独唱向合唱、单一向多元、软任务向硬指标转变。泰州市司法局被推荐为全国司法行政系统"谁执法谁普法"示范点候选单位。

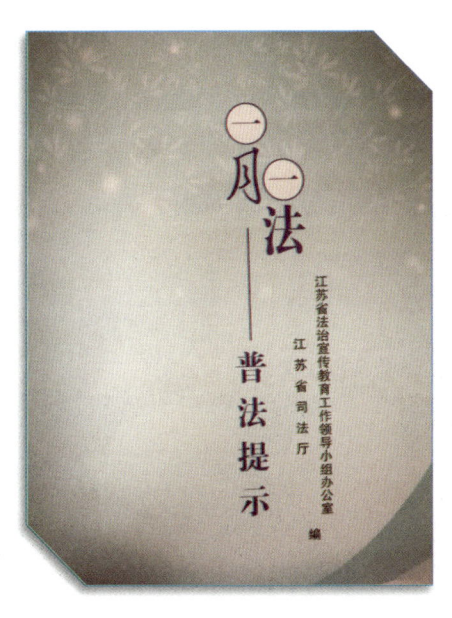

《"一月一法"普法提示》

五、强化指导考评，提升"七五"普法工作质效

着力强化民主法治示范村（社区）动态管理，制定创建工作标准化指南，新增886个省级民主法治示范村（社区），省级创建率已达45%。探索推进法治社会建设，落实司法部关于确定江苏探索试点法治社会指标体系的要求，联合中国法治现代化研究院、法制日报社召开"江苏法治社会建设指标体系的完善与推广"学术研讨会，修订形成包括5个一级指标、17个二级指标、63个三级指标的完整体系。严密组织"七五"普法中期检查，在省委省政府领导下，组成8个检查组，依据"七五"普法中期考核验收细则，按照面上普查与重点抽查、平时检查与综合考评、展示成效与整改提升"三结合"的原则，对13个设区市26个县（市、区）普法推进情况、工作成效及创新情况进行抽查，顺利完成了

江苏省"七五"普法中期检查扬州汇报会

"七五"中期考核任务。各地党委政府对法治宣传工作高度重视，贯彻实施省委、省政府确定的"七五"普法规划和省人大的《决议》，态度坚决，思路清晰，措施扎实，效果明显。

（江苏省法治宣传教育工作领导小组办公室　供稿）

2018年审判工作发展报告

2018年,全省各级法院坚持以习近平新时代中国特色社会主义思想为指导,忠实履行法律职责,各项工作取得新进展。全省法院连续两年受理案件超200万件,2018年达2165962件,其中新收1832286件,同比分别上升6.31%和8.47%;审执结案件1862204件,同比上升9.25%。省法院受理案件首次突破2万件,达22771件,审执结案件16298件,同比分别上升16.37%和10.34%。

一、聚焦中心工作,着力服务保障高质量发展

一是服务保障重大战略部署。 制定服务和保障江苏高质量发展走在前列的实施意见。制定产权司法保护和为企业家创新创业营造良好法治环境的实施意见。服务保障开放型经济发展,审结涉外、涉港澳台案件2656件,办理司法协助案件1992件。省法院发布服务保障"一带一路"建设十大典型案例,连云港中院牵头全国21家沿线法院建立司法协作机制,为"一带一路"建设提供法治护航。妥善审理农村土地纠纷,保障"三权分置"改革顺

2018年4月24日，连云港市中级人民法院成立"一带一路"巡回法庭成立

利进行，促进乡村振兴发展。**二是服务保障供给侧结构性改革。**新收一审商事案件150555件，审结152618件。向省委、省政府提交专门报告，推动建立企业破产处置省级府院协调联动机制，积极处置一批"僵尸企业"，制定"执转破"案件简化审理指导意见。依法维护金融秩序，审结金融借款、保险、证券纠纷等案件58489件，涉案标的金额1007.83亿元。**三是服务保障民营经济发展。**制定为民营企业提供有力司法服务和保障的意见，依法公平公正审理、执行涉民营企业案件，加大涉产权冤错案件依法甄别、审理力度。**四是服务保障创新驱动发展。**树立最严格知识产权保护理念，发挥司法保护主导作用，对重复侵权、恶意侵权等行为，依法适用惩罚性赔偿。新收一审知识产权案件15984件，审结15164件，同比分别上升45.48%和41.13%。发布知识产权司法保护蓝皮书和司法保障科技创新十大典型案例。**五是服务保障生态文明建设。**坚决维护生态环境安全，审结环境资源案件

7786件。制定环境污染刑事案件审理指导意见，审结破坏环境资源犯罪案件1393件，对3077名污染者追究刑事责任。新收环境公益诉讼案件133件，判处污染者赔偿环境损害修复费用1.19亿元。最高人民法院批准在南京设立全国首家环境资源法庭，对全省环境资源案件实行集中管辖。

二、维护社会稳定，着力推进平安江苏建设

一是大力开展扫黑除恶专项斗争。会同省检察院、省公安厅出台办理黑恶势力犯罪案件指导意见。新收涉黑涉恶犯罪案件228件，审结142件、判处1211人，其中判处五年以上有期徒刑330人。配合公安机关深挖涉黑涉恶犯罪线索，组织开展民间借贷涉套路贷与虚假诉讼专项整治活动，主动向公安机关移送涉嫌套路贷案件725件。**二是依法严惩贪污贿赂犯罪**。全力配合、对接监察体制改革，对腐败犯罪始终保持高压态势，审结贪污贿赂、渎职等犯罪案件1123件、判处1514人。依法审理最高人民法院指定管辖的项俊波、张越、艾文礼重大职务犯罪案件。**三是积极参与社会治安综合治理**。严厉打击刑事犯罪，新收一审刑事案件80396件，审结78833件，判处罪犯96271人，其中审结故意杀人、抢劫等严重暴力犯罪案件6275件、判处7447人。会同省检察院、省公安厅出台指导意见，精准打击涉毒、涉黄涉非、涉互联网等犯罪行为。坚持和发扬新时代"枫桥经验"，积极参与网格化社会治理。**四是强化人权司法保障**。启动非法证据排除程序207次，证人、鉴定人、侦查人员等出庭作证和说明情况比去年显著增加。依法宣告11名公诉案件被告人和32名自诉案件被告人无罪。会同省司法厅开展刑事案件律师辩护全覆盖试点工作。

2018年12月28日，省高级人民法院公开开庭审理张建国故意杀人一案，夏道虎院长担任审判长

三、牢记为民宗旨，着力保障民生权益

一是加强涉民生案件审判工作。 新收一审民事案件 731519 件，审结 717507 件，同比分别上升 5.91% 和 2.66%。全面推进家事审判改革，妥善审理婚姻家庭案件，维护妇女、儿童、老年人合法权益，发出人身安全保护令 317 份。坚持依法裁判和协调化解并重，监督支持行政执法，促进行政争议实质性解决，新收一审行政案件 16404 件，审结 15730 件，同比分别上升 9.18% 和 6.08%。**二是积极回应群众多元司法需求。** 持续提升诉讼服务中心建设水平，为人民群众提供各类诉讼服务 87 万余次。完善网上立案登记系统，共网上立案 236575 件。全面开展"网上数据一体化处理"改革试点工作，实现多部门一网办理道路交通事故损害赔偿案件，快速调解 9553 件，调解成功金额 2.58 亿元。优

化人民法庭布局，方便群众诉讼，全省人民法庭审结案件 361452 件。切实保障当事人申诉、申请再审权利，审结申诉、申请再审案件 17437 件，再审改判 853 件。**三是大力弘扬社会主义核心价值观**。落实"谁执法谁普法"责任制，积极开展巡回审判和法治宣传，提升公众法治意识。联合南京公交集团开通"诚信"公交专线。

四、强化精准攻坚，着力打赢"基本解决执行难"这场硬仗

把"基本解决执行难"列为"一把手"工程，以前所未有的力度，攻坚决胜"基本解决执行难"收官战。共受理执行案件 700827 件，占全国近十分之一；执结 614202 件，同比上升 23.24%；执行到位金额 1247 亿元。**一是坚持综合治理"基本解决执行难"**。省委主要领导亲临省法院执行指挥中心视察指导。省委政法委牵头建立"基本解决执行难"工作联席会议制度和涉党政机关未结执行案件联合巡查督办制度。省人大常委会组织对全省法院执行工作审议意见落实情况进行满意度测评。"总对总""点对点"网络查控系统功能进一步拓展。综合治理执行难工作格局已经形成。**二是组织打好"三大战役"**。打好"清理积案歼灭战"，未结执行案件数量同比下降 38.03%。开展跨审级、跨地区协同执行 952 次，抱团攻坚执结涉及暴力抗法、强制腾让、异地执行"骨头案" 1907 件。打好"财产处置攻坚战"，上网拍品 45040 件，网拍成交金额 636.59 亿元，同比分别上升 47.52% 和 2.99%。打好"终本达标歼灭战"，坚持集中执行常态化，开展凌晨、夜间、假日执行七千余次，搜查 11310 次，拘留 14496 人次，罚款 2785 万元，以拒执罪判处 349 人，确保无财产可供执行案件

终结本次执行程序符合法定标准。**三是创新创优执行模式**。全面推行执行指挥中心实体化运行"854模式",进一步提升执行工作的集约化、精细化、规范化、智能化水平。首创"全媒体网络直播"的执行公开形式,"钟山亮剑、共铸诚信"行动在线观看网民超5000万人次,创全国法院历次网络直播关注人数之最。**四是着力构建长效机制**。全面引入诉讼保全保险机制,办理诉讼保全130476件,保全到位金额1325.83亿元,同比分别上升89.4%和72.45%。完善执行管理机制,有效防止了消极执行、拖延执行、选择性执行现象的发生。加大执行裁判力度,依法监督、纠正不当执行行为。经过不懈努力,全省法院全部达到"四个90%,一个80%"核心指标要求,第三方评估机构经检查验收认为,江苏法院在制度建设、行为规范、执行公开、执行质效方面成效显著,贡献了"江苏经验"。

2018年7月16日,无锡市中级人民法院携手阿里巴巴举行"智慧执行系统"发布会

五、坚持系统思维，着力深化司法体制改革

一是深入推进司法责任制改革。坚持有序放权与有效监督相统一，制定强化院庭长监督管理职责的实施意见。全省法院院庭长担任承办法官或审判长审理案件1101244件，占全省法院审理案件总数的50.84%。在全国率先开展法官惩戒试点工作，制定试点方案。建立"有进有出"的法官员额动态管理机制，全省法院共遴选增补员额法官447人，核准退出员额395人。**二是深入推进司法体制综合配套改革**。制定专门实施意见，努力缓解人案矛盾。深化案件繁简分流机制改革，全面推进简案快审、繁案精审，审判质效进一步提升。全省法官人均结案270件，同比增加13件。会同省编办推进省以下人民法院内设机构改革。**三是深入推进司法公开、司法民主**。在全国率先实现案件庭审直播常态化，共网络直播庭审402269场，持续位居全国法院第一，点击观看量超过4亿人次，占全国法院庭审直播案件总量的23.05%。在中国裁判文书网公开裁判文书1169938篇，同比上升34.17%。**四是深入推进信息化与审判工作深度融合**。大力加强智慧法院建设，以审判智能化助推执法办案，方便群众诉讼。

六、立足从严管理，着力锻造过硬法院队伍

一是突出政治引领。始终坚持党对法院工作的绝对领导，坚定走中国特色社会主义法治道路。积极开展解放思想大讨论。全省法院共有81个集体、153名个人受到中央、省有关部门和最高人民法院表彰奖励。**二是持续正风肃纪**。认真落实"两个责任"和中央八项规定精神，组织开展集中整治形式主义、官僚主义活动。开展审务督察55次，针对发现问题严格督促整改。**三是提

升司法能力。完善与法院人员分类管理相适应的培训机制，集中培训干警 9366 人次，视频培训 32935 人次。最高人民法院批准设立法官国际交流中心江苏基地。评选全省审判业务专家 59 人，2 名法官被评为全国审判业务专家，5 名法官被评为全国优秀法官。组织开展"江苏最美法官"推选活动。**四是塑造法院文化**。在国家宪法日组织开展宪法宣誓活动，凝聚价值认同。省法院法官创作的机关民谣《宁海路 75 号》，推出当天点击量超百万，《人民日报》两次刊发评论推介。**五是主动接受监督**。接受省人大及其常委会的监督，积极配合省人大常委会专题审议全省法院司法公开工作。接受政协民主监督，主动通报工作，听取意见建议。组织开展代表、委员"看法院"活动，邀请各级人大代表、政协委员等社会各界人士旁听庭审、见证执行 25951 人次。接受检察机关法律监督，依法审理抗诉案件，审结再审抗诉案件 374 件。完善特约监督员制度，聘任特约监督员 124 名。

（江苏省高级人民法院　供稿）

2018年检察工作发展报告

2018年，全省检察机关以习近平新时代中国特色社会主义思想为指导，围绕省委推动江苏高质量发展走在全国前列的中心工作，全面履行检察职能，努力回应新时代人民群众对司法公平正义的新期待。

一、积极投入扫黑除恶专项斗争，保障人民群众安居乐业

一是依法精准打击黑恶势力犯罪。针对当前黑恶势力犯罪特点，出台审查软暴力、套路贷等新形式黑恶势力犯罪的证据指引。会同公安机关依法办理了一批人民群众反映强烈的黑恶势力犯罪案件，依法批准逮捕2507人，提起公诉2549人。根据"构成黑恶势力犯罪的，一个也不放过；不构成的，一个也不凑数"的要求，准确把握法律界限。对构成黑恶势力犯罪的，监督立案71人，追加逮捕106人，追加起诉37人。对不符合逮捕起诉条件的，依法不认定735件。

二是严格把关审查保护伞。建立发现、甄别、移送、监督一

体化"打伞"机制,深挖细查黑恶势力犯罪背后的保护伞。查办黑恶势力保护伞案件18件24人,目前已起诉13人;向监委、公安机关移送涉嫌保护伞线索31件。徐州市检察院在审查孟庆地等人非法采矿、妨害公务案时,依法串并审查19起关联案件,挖出了长期充当保护伞的8名执法司法人员。

二、主动聚力打好三大攻坚战,保障江苏高质量发展

一是依法查办妨害金融秩序犯罪。省检察院加强对全省涉众型高风险金融犯罪案件的指导和督办。全省检察机关共办理集资诈骗、非法吸收公众存款案件865件,同比上升34.3%。南京市检察院依法审查非法集资规模达1554亿元的"钱宝网"案件,对张小雷以集资诈骗罪提起公诉。加强与金融主管部门的协作配合,化解金融犯罪积案418件。依托办案参与金融风险防范,向政府和有关部门报送研判报告、检察建议114份。

2018年1月18日,省人民检察院召开打击非法集资新闻发布会

二是积极助力全省脱贫工作。 办理国家司法救助案件 1393 件，发放救助金 1063.9 万元，救助因案致贫受害人 1658 人。依法惩治扶贫领域犯罪行为，提起公诉 29 人。向省政府提交了扶贫开发、灾害救济等财政补贴专项资金受到违法犯罪侵害的分析报告，受到省政府重视。针对办案中发现的农村存在无人照料的"事实孤儿"现象，省检察院联合省财政厅、民政厅等八部门出台困境儿童生活保障意见。积极落实省委定点扶贫工作安排，共帮扶贫困村 261 个，派驻下访干部 60 名。盐城市检察机关下访干部陈扣连、杨洪雨因扶贫业绩突出被中宣部、文明办评为"中国好人"。

三是持续强化生态环境检察保护。 依法办理各类破坏生态环境资源犯罪，提起公诉 3634 人，同比上升 23.9%。建立由省内沿江 8 个市检察院组成的长江生态环境资源保护检察协作平台，依法合力查办长江非法采砂、污染长江水源犯罪案件 90 起。依托

2018 年 11 月 21 日，省人民检察院检察长刘华向省人大报告公益诉讼工作

公益诉讼助力美丽江苏建设，省委专门出台文件支持检察机关公益诉讼，省人大常委会听取专题报告并开展了专题询问。加大生态环境公益诉讼工作力度，通过诉前检察建议推动行政机关履职和有关单位整改1656件，提起环境公益诉讼122件。同时采用聘请公益损害观察员、上线随手拍APP举报软件，采用无人机取证、建立鉴定专家库等做法，着力解决案件发现难鉴定难等难题。

三、加大案件办理力度，增强人民群众安全感

一是依法办理危害国家安全和职务犯罪案件。 起诉危害国家安全犯罪5人，邪教组织犯罪304人。省监委和省检察院共同出台了办案衔接制度，保障职务犯罪从立案调查到审查起诉的顺利对接。依法审查起诉职务犯罪，提起公诉761人，其中原厅级干部17人、处级干部67人。精心受理最高人民检察院指定管辖的职务犯罪要案，对保监会原主席项俊波、河北省政协原副主席艾文礼、贵州省原副省长蒲波等受贿案依法提起公诉。

二是依法办理危害公共安全犯罪案件。 起诉故意杀人、抢劫等严重暴力犯罪7302人，保障人民群众人身安全。起诉危害食药安全犯罪2765人，开展"维护舌尖上的安全"专项监督行动，保障人民群众健康安全。无锡梁溪区检察院起诉了被告人徐某某在食品中添加罂粟壳粉非法销售牟利案。起诉聚众扰乱社会秩序罪85人，保护公共场所安全。连云港灌云县检察院对李某某聚集80余人以浇汽油、携带煤气罐等危险方式在镇卫生院进行医闹案提起公诉。

三是审慎办理涉企犯罪案件。 出台保障民营企业健康发展的意见，指导各地检察机关在办理涉企犯罪案件时准确把握法律政策界限。依法保障企业合法利益，南通市崇川区检察院以诈骗罪

2018年12月28日，张建国故意杀人案开庭审理，省人民检察院检察长刘华出庭履职，发表出庭意见

对陆某、邱某等人采用虚假网络交易骗取天猫积分套现700万元案提起公诉，法院依法定罪判决。秉持司法谦抑善意理念，保障企业创新发展。南京市雨花台区检察院在办理一起企业员工非法窃取竞争对手数据信息案中，在深入了解两个竞争对手已有战略合并意向与安排的情况下，依法对12名涉案企业管理人员作出不起诉决定。

四是妥善办理涉未成年人案件。坚持教育为主、惩罚为辅，对犯罪情节较轻的，不起诉1663人。淮安市检察院通过附条件不起诉和帮扶教育，促使一名未成年人从昔日"黑客"变身为协助警方破案的网络安全守护者。对犯罪情节恶劣的，依法惩处。无锡市惠山区检察院起诉了孙某某带领4名未成年人以残暴手段抢劫致人死亡案，法院分别判处有期徒刑14年、8年等较重刑罚，依法保护未成年被害人。淮安市清江浦区检察院在办理于某虐待案时，鉴于受害儿童长期被继母殴打，支持生母提起变更抚养权诉讼。开展校园法治建设活动，省检察院与教育厅签订新时代校园法治共建协议。

新时代校园法治共建签约仪式

四、强化法律监督职能，提升人民群众法治获得感

一是依法对侦查活动开展监督。对符合立案条件而侦查机关未立案的，监督立案961人，对不符合立案条件而侦查机关立案的，监督撤案2584人。对提请逮捕进行严格审查，对13499名犯罪证据欠缺或者没有社会危险性的犯罪嫌疑人不批准逮捕。对应当提请逮捕未提请的，监督纠正漏捕1104人。依法监督纠正侦查活动违法3054件次。省检察院组织对全省1769人适用指定居所监视居住情况进行专项检查，纠正违法85件。

二是依法对审判活动开展监督。依法履行对刑事审判活动的监督职责，提出刑事抗诉295件，法院采纳率64.6%；提出刑事再审检察建议129件，法院采纳率69.8%。兴化市检察院在审查程某某申诉案中，认为申诉人虽构成抢劫罪但并非入户抢劫，原审判决确有错误，依法提出再审检察建议，推动法院将刑期由11年改判为5年。依法加强对生效民事裁判的法律监督，提出民事抗诉和再审检察建议731件，同比上升49.2%。监督纠正民商事裁判执行活动违法2465件次，金湖县检察院在审查某公司民事合同纠纷申诉案中，发现法院误将同名案外人作为执行对象，依法发出检察建议，督促法院纠正错误执行。

三是依法对刑事执行活动开展监督。 依法监督刑罚执行活动，对判处实刑但未交付执行的依法监督纠正，督促收监罪犯311人，同比上升38.8%。开展羁押必要性审查，对4198名没有继续羁押必要的犯罪嫌疑人提出释放或者变更强制措施的建议，同比上升55.9%。审查减刑、假释、暂予监外执行案件26353件，书面纠正不当情形1340件，纠正率为98.7%。开展维护在押人员合法权益专项监督活动，监督纠正不当情形913件，依法保障在押人员人身权财产权。

五、推进司法体制改革，建设高素质检察队伍

一是持续推进司法体制改革。 按照中央和省委政法委的统一部署和具体指导，完成包括司法责任制在内的67项改革项目。开展全省基层检察院内设机构改革试点，精简了557个内设机构，提升办案质效。进行员额检察官、检辅人员、司法行政人员三类检察人员分类管理，出台不同岗位工作绩效考核评价制度。制定检察办案职权清单和职责分工，指导各地成立金融证券、知识产权等专业化办案组。建立检察办案内部监督制约机制，开展案件质量评查。首次从律师和法学专家中选拔3名检察官，充实检察

官队伍。

二是提升检察队伍政治素养。 采用多种形式组织开展了全省检察干部学习贯彻习近平新时代中国特色社会主义思想和党的十九大精神工作，努力入脑入心。开展了检察工作解放思想大讨论活动，推动司法作风切实转变。开展了一系列检察机关重建40周年纪念活动，引导全省检察人员不忘初心、砥砺奋进。一年来，受省级以上表彰先进集体26个、先进个人50名，苏州市检察院王勇同志获评央视"年度法治人物"，常州市检察院吴小红同志入选"中国正义人物"。

苏州市人民检察院检察官王勇获2018年度法治人物

三是强化司法办案专业素能。 实施检察领军人才培育工程，已对首批56名业务骨干重点培育。举办20期检察素能培训班，2672名检察人员获得精准化专业培训。一批检察办案业务人才正在快速成长。建立院外专家参与办案制度，聘请106名专家学者参与疑难复杂案件办理。2018年，刑事无罪案件9件，同比下降30.8%。民事抗诉改变率91.2%，上升2.5个百分点。"昆山反杀案"、全国首例英烈公益诉讼案、于某虐待案等3起案件入选最高检指导性案例，成为全国检察机关办理同类案件的参照案例。

四是深化从严治检。落实中央八项规定，开展作风建设自查自纠活动。2018年，省检察院会议数下降64.5%，发文数下降29.9%，三公经费下降42.4%。认真落实省委主要领导批示要求，督促包括被审计的检察院在内的三级检察机关自查自纠财务管理问题。2018年，17人因违反办案纪律和廉洁纪律受到检纪和党纪处分。认真接受最高人民检察院系统内巡视，积极整改落实所反馈的问题。

五是主动接受监督。加强与人大代表、政协委员的沟通联系，邀请视察检察工作、观摩司法活动等5281人次。办理代表建议和委员提案共82件。对李军等11名代表关于精准维护老年人权益的建议，配合省民政厅等开展"提升养老机构服务质量专项行动"，支持起诉涉老年人权益保障案件145件。对曹立志代表关于加强法律援助工作的建议，与省司法厅会签《关于在刑事诉讼活动中建立检律良性互动机制的意见》，及时办理援助律师提出的各类申请。

（江苏省人民检察院　供稿）

2018年公安工作发展报告

2018年，全省公安机关在习近平新时代中国特色社会主义思想指导下，认真贯彻落实中央和省、部全面推进依法治国、依法治省决策部署，大力推进执法标准体系、执法管理体系、执法培训体系、执法保障体系建设，着力打造江苏公安执法规范化"升级版"，不断深化法治公安建设，努力提升执法质量、执法水平和执法公信力，为服务保障江苏高质量发展走在前列提供了有力的法治保障。

一、强化工作部署推进，着力建设高质量法治公安

一是科学谋划部署。研究制定《江苏公安工作高质量提升三年行动方案》，科学提出江苏公安法治建设高质量发展三年规划，配套制定高质量发展指标体系及监测评价实施办法，全力推动江苏公安规范执法能力水平持续走在全国前列。召开全省公安法制工作会议，副省长、公安厅长刘旸出席会议并讲话，就深入打造江苏公安执法规范化"升级版"，建设高质量法治公安进行动员部署。

召开全省公安法制工作会议

二是狠抓推进落实。认真落实《2018年全省公安工作重点任务责任分工方案》，结合公安法治建设年度目标任务，进一步细化目标措施，明确分工责任和时间节点，稳步推进各项工作。召开全省公安机关执法管理委员会工作会议，部署推进执法规范化建设重点工作。召开全省公安行政复议应诉工作座谈会、执法监督管理工作座谈会，通报存在问题，强化分类指导，提高推动工作针对性和实效性。

三是抓好宣传推广。深入开展纪念改革开放40周年公安法治建设宣传活动，在全社会广泛宣传江苏公安法治建设的重大历史事件和成就。注重典型引路，深化全省公安执法示范单位建设，部署开展新一轮执法示范单位评选，强化特色亮点发掘和典型经验选树，让广大基层公安机关学有对象、赶有目标，切实增强投身公安法治建设的积极性和创造性。

副省长刘旸为首批全省公安机关法治专家代表颁发聘书

二、注重实战实用实效，着力强化法治保障服务

一是健全制度规范。推动省人大出台《江苏省奖励和保护见义勇为条例》，全面编制完成全省公安机关刑事、行政执法权力清单和责任清单，实现省市县三级公安机关相同权力事项类型、名称、依据、编码规范统一。制定省厅直属公安局办案工作规范，推动直属公安局实体化运行。主动适应以审判为中心的刑事诉讼制度改革，健全完善涉黑涉恶涉枪、非法集资、常见食药环犯罪等刑事案件的取证指引和经侦常见案件初查标准，引导民警规范取证行为、提高办案质量。

二是服务现实斗争。深入推进扫黑除恶专项斗争和打击通讯网络诈骗、枪爆犯罪、黄赌毒、食药环犯罪等专项行动，持续开展食药打假"利剑"、打击环境犯罪"清水蓝天"行动，不断强化对群众反映强烈的违法犯罪活动严打整治态势。针对维稳处突、专

组织开展"利剑2号"网上执法监督专项巡查行动

项行动中的疑难复杂问题，制定下发《打击"套路贷"犯罪办案指南》《扫黑除恶法律服务手册》《公安执法实务问答》等执法指引，编发扫黑除恶典型案件和行政诉讼指导案例，为依法打击各类违法犯罪提供规范和制度保障。依法稳妥处置昆山于海明致刘海龙死亡案，社会各界给予高度评价。举行全省首批50名公安法治专家授证仪式和厅机关首批22名公职律师颁证仪式，为服务执法实战提供素质保障和人才支撑。

三是深入推进公安"放管服"改革。制定出台公安机关依法服务保障民营企业健康发展5个方面20条措施，着力护航企业发展、提供优质服务。大力推进"微警务"集群建设，健全完善"全访评"民意监测机制，拓展完善网上政务服务公安"旗舰店"功能，公安机关163项审批事项打包上线，省公安厅不见面审批事项达到87%，市县公安机关达到80%，"微警务"集群关注量超过2710万人，累计为群众提供服务5260万次。制定出台深化人口服务管理"放管服"十项措施，进一步放宽户口迁移政策，优化户政服务举措，有序推进公安机关出具证明事项清理，切实提高人民群众改革获得感。

三、健全完善标准体系，着力规范民警执法行为

一是完善现场执法标准体系。围绕基层现场执法的重点事项和关键环节，制定3批47项公安现场执法标准，同步编发指导案例、拍摄视频片、研发执法服务平台，建成教学、培训、实战、指导一体化的现场执法标准体系，有力支撑和保障了一线民警规范处置现场警情案件。在全国公安机关率先建立民警依法履职免责制度，出台《公安民警依法履职免责标准》，树立"依法履职受保护、按规执法不担责"的正确导向，鼓励民警敢于执法、规范执法，切实维护民警执法权益和公安执法权威。

二是推行重点工作标准制度。针对执法规范化建设工作发展不平衡、落实不到位的问题，组织编印案件管理中心和案件管理室建设、刑事案件"两统一"机制改革、受案立案制度改革、现场执法视音频记录等首批5项执法规范化建设重点工作标准。将工作标准分为强制性标准和推荐性标准，鼓励有条件的地方和部门自提标准、自加压力，进行高质量探索发展，着力解决各地、各部门工作发展不平衡问题，整体提升执法规范化建设水平。

三是狠抓执法标准贯彻执行。将执法标准纳入入警培训、警衔培训、晋升培训和日常培训的必修课程，强化培训考核和结果运用，让所有一线执法民警领会标准精神、熟知标准内容、增强标准意识。部署开展现场执法实战技能高质量提升专项行动，重点抓好分层分类选拔教官、推进常态化实战训练、督导检查标准执行、强化执法权益保障、加强指导培育先进、发挥典型示范警

示作用等"六项措施"，着力推动现场执法标准贯彻执行。

四、强化执法监督管理，着力提升执法办案质效

一是推动"两项改革"落地落实。会同省检察院出台《关于建立健全不立案监督机制的指导意见（试行）》，建立健全工作绩效评估机制，全力推动受案立案制度改革和刑事案件归口法制部门统一审核统一出口机制改革落地落实。出台《"一体化、智能化、精细化、合成化"执法办案管理中心建设指导意见》，命名8家全省首批执法办案管理中心示范点，全面推进案件受理、执法办案、案件管理和涉案财物管理"四个中心"一体化建设，郭声琨、王小洪、娄勤俭、吴政隆、王立科、刘旸等部、省领导同志对推进执法办案管理中心"四化"建设，集约高效开展执法办案和监督管理的做法给予充分肯定。

二是整治执法突出问题。各级公安机关均成立由主要领导挂帅的执法管理委员会，定期研判通报执法状况，实现对执法质态整体掌控、统一调度。加强执法状况分析研判，分地区、分警种下发执法质量考评及执法规范化建设评估通报，查问题补漏洞、强机制提能力。部署开展为期3年的全省公安机关"严格监督管理、维护公平正义"专项执法监督活动，开展"利剑1号、2号"网上专项执法监督巡查行动，剑指执法不作为、乱作为、慢作为，办关系案、人情案、金钱案，充当"保护伞"等突出问题，一批带有地区、警种特点的苗头性、倾向性问题得到查纠和整治。

三是推进执法信息化建设。加快推进政法业务协同平台深度应用，全面部署应用警务基础平台电子卷宗、电子签名捺印系统，网上办案"单轨制"运行取得突破性进展。优化执法管理平台，提炼发布14个网上执法巡查技战法，网上执法监督能力水平显

著提升。深化应用全省公安执法公示平台，在互联网向当事人公开警情处理、案件办理、财物管理等65类270项执法信息，让执法权力阳光运行，平台先后获评2017—2018年度"江苏省依法行政示范项目"、"省级机关首批十佳法治实践优秀案例"、"2015—2017年度省政府法制工作创新奖和省厅科技强警二等奖"。

五、加强执法实战培训，着力增强依法履职能力

一是健全培训体系。 出台《2018—2020年度全省执法实战培训规划》，计划用三年时间实现"五个一"目标，即编写一套教材、制作一批微课程、培养一批教官、研发一个平台、建成一批基地，着力构建系统完备、务实高效的执法实战培训体系。目前已编制完成辅警协助执法教材，选址建立了一批执法培训基地，部署开展了执法微课程征集编写活动，遴选组建了一批执法教官队伍，执法服务平台实现法规查询、智能推送执法标准等功能。

二是强化教育培训。 紧抓领导骨干"关键少数"，健全完善党委中心组学法、任前法律考试、年度述法等制度，举办领导干部、法制干部和公职律师培训班，严格落实公安机关负责人出庭应诉、所队长直接办案制度，不断提升领导干部依法决策指挥能力。强化一线民警教育培训，建立应知应会法律知识随机抽考制度，深入开展法治大讲堂、案例评析、执法资格等级考试等活动，全省1万余名民警取得公安部高级执法资格，2700余名民警取得国家统一法律职业资格。出台"谁执法谁普法"普法责任制实施意见，组织开展宪法宣传和执法培训"微视频"评选活动，为公安执法营造良好社会氛围。

三是强化队伍建设。 着眼实战需求、瞄准打赢目标，深入开展全警大学习、大训练活动，制定出台全警常态化实战训练指导

举办第二届全省公安行政复议应诉技能大赛

意见，建成区域处突机动队、省市机关合成行动队和实战警种特侦队"三支攻坚队伍"，加强勤务装备配备和常态化实战拉练演练，成功举办第二届全省公安行政复议应诉技能大赛和执法监督管理岗位练兵考核，引导广大民警培育尚武精神、提升履职能力，使民警的实战本领与实战要求、执法能力与执法权力相适应。

（江苏省公安厅　供稿）

2018年司法行政发展报告

2018年,在省委、省政府的坚强领导下,全省司法行政系统按照高质量发展走在前列要求,坚持政治导向、大局导向、民意导向、问题导向,以改革增动力、以服务促发展,全面落实法治江苏建设各项要求,为推进全省经济社会发展作出积极贡献。

一、发挥司法行政职能,服务经济社会发展

主动融入全省经济社会发展大局,找准司法行政工作服务党委政府重点任务的结合点、切入点,积极发挥司法行政制度供给、制度执行、法律服务等职能作用,全力护航经济社会发展。一是服务深化供给侧改革,出台5类18项服务民营企业发展措施和律师服务专项意见,持续开展"法润江苏""法企同行"活动,组织司法行政干警和律师、公证员、基层法律服务工作者等力量,深入民营企业开展"法治体检",推行全生命周期企业法律服务,全年组建各类法律服务团1012个,走访民营企业1.7万余家,帮助企业解决问题近3万个,避免和挽回经济损失28.2亿元。二是服务"一带一路"等重大战略建设,在柬埔寨建立全国首个"海外法

省司法厅厅长柳玉祥在无锡惠山区苏庙社区司法行政服务站了解"法润民生"微信群运行情况

务中心",在印度等"一带一路"沿线国家和地区设立8个服务站点,为全省600余家"走出去"重点企业提供定制服务,有效保障了全省企业在对外经济贸易中的合法权益。发布公司治理、科技创新等多个领域"法律服务目录清单",在南京江北新区、苏州高新区、徐州高新技术开发区等建立知识产权综合法律服务中心,全年办理知识产权案件1.2万余件。积极参与法治长三角建设,与上海、浙江、安徽签署司法行政共同推进更高质量平安法治长三角建设合作框架协议。三是服务保障民生,大力实施司法行政惠民"十项举措",全面取消公证服务县域限制,圆满完成国家统一法律职业资格考试"双机考"任务。部署开展"2018·春风行动""法护人生"等活动,共为农民工免费审查用工合同2.9万余件,提供免费公证服务4万余件,12348热线累计接听群众来电42万次。

张家港市司法局组织开展"法企同行在行动"——企业涉税刑事法律风险及防范措施培训，200余名企业管理人员参与培训

二、提升公共法律服务体系质效，推进法治社会建设

深入贯彻"普惠均等、便捷高效、智能精准"的现代化公共法律服务体系建设要求，不断优化服务体系，推动省政府办公厅出台《关于加快推进覆盖城乡的公共法律服务体系建设的意见》，加快实体、网络、热线"三大平台"融合发展，开展县域公共法律服务中心达标建设。目前已在全国率先建立12348网络平台、话务平台，形成网上网下、线上线下"7×24小时"全天候服务模式。在矛盾纠纷排查调处上，深化"3551"人民调解组织体系建构，在淮安市淮阴区、盐城市亭湖区等地建立"老兵调解"等个人调解工作室，加快推进行业性专业性调解组织建设。推动调解员下沉网格单元，认真开展"矛盾不上交"试点工作，启动矛盾不上交"三年行动"，强化检调、诉调、访调、交调对接，扎实开展征地拆

省司法厅召开2018年司法行政"十项惠民举措"新闻发布会

迁、医患纠纷、环境污染等矛盾纠纷排查调处活动，人民调解在纠纷多元化解中的作用进一步彰显。在公益法律服务上，坚持需求导向，出台4大类24项公共法律服务基本项目清单，为公民提供全生命周期公共法律服务。建立法律援助名优律师团，在全省55个县（市、区）开展刑事案件律师辩护全覆盖试点，为9.7万余名群众提供了法律援助。实施县域律师业发展三年行动计划，推进司法鉴定"双严"专项整改，出台省基层法律服务工作者执业核准考试办法，全年办理诉讼和非诉法律事务120万件，出具司法鉴定文书10万余件。在法治宣传教育上，推动"谁执法谁普法"责任制落实，完成"七五"普法中期检查，部署开展宪法进万家等"十大行动"，上线运行全国首个"网上宪法馆"。深化基层民主法治创建，省级民主法治示范村（社区）建成率超过45%。

三、贯彻落实总体国家安全观，提升刑罚执行管理质量

坚持总体国家安全观，落实平战结合工作机制，围绕"进博会"、国家公祭日等重大活动，狠抓维稳任务，确保职能履行，各项工作取得积极成效。监管场所运行质效进一步提升。扎实开展扫黑除恶专项斗争和安全隐患"大排查、大整治、大评估"等活动，严格落实监区24小时执勤、"一分钟处置"等制度，推行勤务模式变革，监管场所持续安全稳定，苏州监狱连续37年保持无罪犯逃脱的全国纪录。深刻践行"五大改造"新格局，推进罪犯分押分管分教，加强个别教育与循证矫正等现代矫正手段运用，提升教育改造质量。戒毒规范化建设进一步提升。优化完善"432"戒毒模式，建立健全强制隔离戒毒与社区戒毒、社区康复工作衔

常州市金坛区普法讲师团走进省金坛中专，开展"宪法进校园"活动，讲宪法普宪法

接机制。创新戒治手段和方法，推进戒毒医疗、教育矫正等"五大中心"建设，在全省13个设区市建立解戒人员后续照管工作指导站，实施后续照管成功典型"千人工程"，江苏籍解戒人员一年内后续照管率达到97.7%。社区矫正质量进一步提升。坚持监督管理、教育矫正和社会适应性帮扶"三位一体"，扎实开展社区矫正工作，突出分类管控、精准矫治、损害修复、智慧矫正"四个关键"，创新建立"四色积分预警"机制，形成"三级分段、四级管控"矫正模式。2018年，社区服刑人员重新犯罪率依然保持全国较低水平。

四、深化体制机制改革，推动司法行政工作创新发展

突出改革主旋律，对照省委和司法部各项改革部署，制定出台改革任务分解表和年度改革任务清单，有力推动各项改革任务落地生效。在机构改革方面，根据省委部署，2018年11月3日，重新组建的省司法厅正式挂牌，11月9日完成转隶重组工作。在司法行政机制改革方面，顺利完成省深改委明确我厅牵头的"加强政府法律顾问制度建设""推行公职律师公司律师制度""健全刑罚执行一体化工作机制"等重点改革任务落实。目前，省深改委审议通过了发展涉外法律服务业实施意见和健全统一的司法鉴定管理体制等具体改革方案。深入推进监狱管理制度改革，选择了部分监狱开展监狱体制改革试点，加快监狱分类和功能型监狱建设，出台关于进一步加强和改进全省监狱改造工作的《意见》，统筹推进以政治改造为统领的"五大改造"新格局。深化以"前置化、协议制、社会化"为核心的安置帮教工作改革，制定出台《江苏省安置帮教工作办法》，在全省13个设区市全部建立自主型过渡性安置帮教基地。推进律师制度改革，出台全省律师行

太仓市城厢镇中区社区法律顾问解答居民的咨询

业违法违规行为投诉处理工作通知，联合公安、民政等部门，制定《关于保障律师调查取证权的规定》。推进律师调解工作，联合省法院出台《关于开展律师调解工作的实施意见》，成立民商事调解中心，市县两级公共法律服务中心律师调解工作室建成率达100%。公证体制改革稳步推进，全省已有95家事业体制公证处脱离财政收支两条线管理，"减证便民"行动有序开展，36个公证事项实现"最多跑一次"，公证"区块链"技术创新应用不断加强。

五、扎实推进依法行政工作，不断提高工作法治化规范化水平

大力施行"不见面审批"服务标准化、规范化建设，协调省政府办公厅印发《"不见面审批"标准化指引》，公布省市县三级不见面审批（服务）业务109105项。推进"三级四同"权力清单标准化建设，梳理确定全省"三级四同"基本目录清单10类11503

项，实现了清单标准化。加强政府立法机制建设，制定出台《江苏省政府规章制定程序规定》，从建立重大决策先行决定制度、完善立法项目征集、论证、协调机制、健全多元化起草机制、规范意见征询机制等方面，进一步优化政府立法工作机制。加强重点领域立法，年内制定地方性法规、规章草案117件，修改、废止地方性法规规章112件。坚持立法立改废释，为有效清除阻碍"放管服"改革措施落地的制度藩篱，组织开展涉及行政审批、著名（知名）商标制度、军民融合等多个批次法规、规章、规范性文件专项清理，合计提请废止、修改省地方性法规、省政府规章56件，废止、修改规范性文件297件。深化行政执法体制改革，印发《关于深化综合行政执法体制改革的指导意见》。推动县市实行网格化管理，大幅减少市、县两级政府执法队伍种类，在市场监管、交通运输等领域整合组建5—7支综合行政执法队伍。继续推进县（市）城市管理领域相对集中行政处罚权工作向建制镇延伸。加强行政复议工作，2018年全省共收到行政复议申请12845件，受理11160件，全省各级行政复议机构持续改进行政复议案件审理方式，全面推行公开听证方式审理案件，规范行政复议证据审查制度，通过实地调查和集体研究，以公开透明的程序保障结果公正，实现"阳光复议"。加强行政应诉工作，年内全省一审行政诉讼应诉案件13642件，同比增幅为4.14%。提请省政府办公厅印发《江苏省行政应诉办法》，进一步规范行政应诉工作。深入推进政务公开，制定《江苏省政府信息依申请公开办理规范（试行）》，出台重大建设项目批准和实施、公共资源配置、社会公益事业建设三大重点领域政府信息公开实施意见。完成全国基层政务公开江苏试点任务。印发《关于建立完善基层"互联网＋政务服务"体系的指导意见》，推进政务服务网向乡镇（街道）和村（社区）全面延伸。在全国首创"政策简明问答"品牌，"微博江苏"平均每期阅读量超过150万人次，总阅读量超过1700万人次。依托政务服务大厅，创新设立政务公开体验区，推动线上线下公开平台融合，让企业和群众充分感受到法治化、规范化行政带来的便利。

（江苏省司法厅　供稿）

2018年省级机关法治建设发展报告

2018年，省级机关认真学习宣传贯彻习近平总书记在中央依法治国委员会第一次会议上的重要讲话精神和中央关于全面依法治国的决策部署精神，积极推动"七五"普法中期检查，健全完善工作制度机制，深入开展法治建设各项工作，省级机关法治建设取得新进展、新成效。

一、稳步推进"七五"普法工作，全面推动法治江苏建设

一是突出宪法和习近平新时代中国特色社会主义思想核心。 深入贯彻习近平总书记在中央依法治国委员会第一次会议上的重要讲话精神和中央关于全面依法治国的决策部署精神，按照省委、省政府关于深入推进法治江苏建设的决策部署，制定下发《2018年省级机关法治宣传教育和法治建设协调指导工作要点》，扎实推进"七五"普法规划，坚持把宣传以党章为核心的党内法规体系、以宪法为核心的中国特色社会主义法律体系，以及省委省政府近年来有关法治江苏建设的重大制度举措作为法治宣传教

育的基本任务。

二是积极开展省级机关"七五"普法中期考核工作。 2018年是全国和全省"七五"普法中期检查验收之年,为全面掌握省级机关"七五"普法规划实施情况,5月初印发《省级机关法治宣传教育第七个五年规划实施情况考核验收办法》。8月底之前,省级机关各部门各单位将本单位"七五"普法中期工作报告送至省级机关法宣办。9月初,组织对部分单位进行了现场考核验收。10月初,向省法宣办提交《关于省级机关"七五"普法中期考核情况的报告》,总结经验,正视不足,推动省级机关"七五"规划纵深发展。

"七五"普法中期考核实地抽查

二、实施法治建设品牌战略,法治宣传活动深入推进

全面落实"七五"普法规划提出的"深化法治文化品牌项目化管理,打造一批在全省全国有影响力的法治文化精品"的战略目标,大力培育与社会主义法治建设相适应的法治文化,充分发

挥法治文化在法治建设中的教育熏陶和示范引领作用，取得明显成效。

一是加快法治文化示范点建设。省级机关法治建设协调指导办公室积极申报"省级法治文化建设示范点"，将法治教育与社会主义核心价值观、精神文明建设和道德教育相结合，体现法律的规范作用和道德的教化作用。3月初，根据《省法宣办关于组织开展第六批"省级法治文化建设示范点"申报工作的通知》（苏法宣办〔2017〕23号）精神，按照要求组织开展省级机关"省级法治文化建设示范点"申报工作，向省法宣办推荐省水利厅灌河法治水利文化园等9个"省级法治文化建设示范点"。根据6月公示的《关于公布第六批省级法治文化示范点的通知》（苏法宣办〔2018〕8号）文件，推荐的9个示范点全部被省法宣办评为"省级机关法治文化建设示范点"。

二是组织开展江苏省机关第六届"万人学法"竞赛活动。从7月份网上答题开始，各单位各部门广泛发动、认真组织、积极参与。截止9月底，全省共71万人参加了网上答题活动，较上一届

2018年省级机关法治建设工作处长培训班

答题人数增加了41万。其中，有1404名厅局级和高级管理人员、231家省级机关和企事业单位和13个设区市全部参加了本届"万人学法"活动。省农业农村厅代表队等12支队伍分别获得现场知识竞赛一二三等奖。"万人学法"活动已成为省级机关法治建设活动的品牌，以考促学，在省级机关形成尊法学法用法的浓厚氛围。

三是强化法治文化阵地建设。 充分运用橱窗、宣传栏、电子屏等传统宣传阵地，开展法治宣传，营造法治氛围。推动省级机关、企事业单位以及其他社会服务机构在窗口单位和窗口岗位开展公众服务窗口、办事大厅等法治文化阵地的法治宣传教育，增加法治宣传教育功能，提高了法治宣传教育的质效。

三、发挥关键群体导向作用，着力提升法治建设水平

认真贯彻落实工作人员学法用法的实施意见，坚持重点对象学法，抓住省级机关领导干部和国家工作人员学法用法的"龙头工程"，突出发挥关键群体的导向作用，带动省级机关整体法治素

省级机关第六届"万人学法"竞赛活动（现场知识竞赛决赛）

养不断增强,推动普法工作质效的提升。通过组建普法志愿者队伍,努力打造适应新时代需要的普法工作群体,着力提升法治宣传教育建设的质量水平。

一是完善领导干部带头学法制度。完善党委(党组)中心组学法、重大决策前先行学法、法治报告会(讲座)等学法制度,切实推进党政主要负责人履行法治建设第一责任人职责,认真开展党委(党组)中心组学法述法的督促检查,不断提升"关键少数"的领导干部运用法治思维和法治方式深化改革、推动发展、化解矛盾、维护稳定的能力。组织3期"领导干部旁听法庭庭审"活动,共73名领导干部参加旁听法庭庭审。通过生动直观的现场观摩,感受法律的尊严和权威,增强省级机关领导干部依法行政的自觉性和主动性。

二是加强法治建设专业队伍建设。为有效贯彻落实深入推进法治江苏建设的新部署,宣传法治建设成果和先进典型,交流工作经验,提高法治专业水平,推动法治江苏建设不断取得新进步,

省级机关领导干部旁听法庭庭审活动

5月份和10月份，通过组织省级机关法治骨干和法治建设工作处长培训班等，对140余名法治宣传骨干和100余名法治处长进行了培训。按照"缺什么、训什么"的原则，在培训课程设置前，结合有关法治建设的最新精神，专门进行了调查研究，为大家带来行政执法、知识产权保护等实务解析、宪法修正案讲解、最新文件精神讲解、先进单位交流发言等，受到了参训人员的普遍欢迎。

三是推动普法志愿者队伍建设。 6月，由省级机关法治建设协调指导办公室组织的以"法治惠民 志愿服务"为主题的省级机关普法志愿者服务队成立暨授旗仪式在禄口国际机场2号航站楼二楼举行。省级机关已有32家单位成立了普法志愿者服务队，人数达1200余人，旨在深度挖掘各部门各单位优秀法律人才，激发他们蕴藏的巨大能量，培育一批普法志愿者优秀团队和品牌活动，为省级机关广大干部职工提供优质的法律服务，向社会大众普及法律知识、弘扬法治精神，推动社会和谐发展。

省农业农村厅第二届"情暖三农·送法下乡"普法志愿宣传活动

（江苏省省级机关法治建设协调指导办公室　供稿）

2018年基层民主法治发展报告

2018年,全省基层民主法治建设工作深入学习党的十九大和十九届二中、三中全会精神,以习近平新时代中国特色社会主义思想为指引,认真贯彻落实党中央和省、部关于创新基层社会治理的一系列决策部署,进一步加强政策法规创制,推进城乡社区治理创新,健全社区服务体系,夯实基层基础工作,共建共治共享的格局初步形成,基层社会活力竞相迸发,城乡社区治理精细化、科学化、法治化建设水平显著提升。

一、深化基层民主,激发村(居)民自治活力

一是保障自治权利,促进群众参与。 加强以民主选举、民主决策、民主监督、民主管理、协商民主"五个民主"为主要内容的民主制度建设,不断深化和完善城乡居民自治。指导各地认真贯彻《关于加强和规范村务监督委员会工作的意见》,修订完善相关制度,建立健全村民自治章程和村规民约。不断推进社区协商,妥善将涉及居民群众切身利益的公共事务、公益事业以及居民反映强烈、迫切要求解决的实际困难问题和矛盾纠纷等内容纳

入城乡社区协商目录,由社区党组织、基层群众性自治组织牵头,通过居民议事会、理事会、民情恳谈等方式,组织居民群众和利益相关方协商解决,找到民意的最大公约数,进一步凝聚社会共识,形成社会治理合力。**二是严格村务公开,强化民主管理。**加大村务公开和民主管理工作力度,建立健全以村民自治章程和村规民约为主要内容的民主管理制度,推进村级事务民主管理。严格执行村务公开制度,指导各地进一步规范村级村务、财务、事务的公开内容、形式、程序以及时间等,提高公开质量,保证村务特别是财务和集体资产管理的公开透明,尤其对农村社区居民普遍关心的热点问题、涉及切身利益的实际问题以及村里的重大问题,包括支农惠农政策、实事项目建设等都通过一定形式向村民公开,主动接受群众监督,切实保障村民群众的知情权和监督权。出台《关于加强村规民约建设树立诚实守信新风的指导意见》,进

连云港市海州区海州街道南门社区定期协商议事

社区召开居民议事会

一步提高农村居民自我管理、自我教育、自我服务的能力和自律意识。**三是推进"微自治",拓宽民主渠道。**在强化基层群众性自治组织功能的基础上,各地进一步挖掘和深化"微自治"内涵,积极推行"院落自治""楼宇自治""村民小组自治"等微自治形式,推动民主自治向城市小区、村(居)民小组或自然村延伸,进一步拓宽居民群众参与渠道,充分调动居民参与社区自治的主动性和积极性。

二、完善治理方式,推动基层治理创新

一是巩固"政社互动"全覆盖成果。深入贯彻省政府办公厅《关于在全省推行"政社互动"推动社会管理创新的意见》(苏政办发〔2013〕181号)精神,持续将"政社互动"纳入省委深改办

领域报告 2018

社区召开联席会议

督查工作统筹安排,切实巩固了"政社互动"全覆盖成果。围绕基层政府转职能、自治组织增活力、居民群众得实惠,指导和督促各地严格执行基层群众自治组织依法履职事项和依法协助政府及派出机构工作事项"两份清单",签订政府及派出机构委托基层群众自治组织工作事项"一份协议",明晰权责关系,开展双向评估,积极实施基层政府依法行政、基层群众自治组织依法履职。**二是持续推进社区减负增效,健全社区工作准入制度**。指导各地认真贯彻省"两办"出台的《关于减轻城乡社区负担提升为民服务效能的意见》(苏办发〔2014〕49号),大力开展社区"减负增效",健全社区工作事项准入机制。对"减负增效"工作、社区事务准入制度执行情况进行明查暗访,开展多轮督查推进和"回头看",确保社区减负始终保持高压态势,防止反弹。截至2018

太仓市娄东街道中区社区民主决策日暨政社互动通报会

年底，社区台账和挂牌减幅超过了85%；创建评比、工作任务、组织机构、盖章等减幅均在75%以上。**三是规范社区网格化服务管理，建设"全要素"网格。**指导各地加强网格化治理制度建设以及网格划分、职责明晰等工作，推进"全要素"网格建设，全面构建覆盖城乡、条块结合、横向到边、纵向到底的基层服务管理网格体系。普遍与驻区政府机关、国有大中型企业、物业管理公司和相关企业部门建立网格治理联系制度，以签订共驻共享协议、实行服务项目双向认领、共建共享党建活动阵地等为主要形式，广泛吸收驻当地单位党组织共商区域发展、共抓基层党建、共育先进文化、共同服务群众、共建美好家园。每个专属网格至少明确驻区单位的1名网格治理联络人，充分利用社区内各类服务管理资源，实行"组团式"服务管理，着力构建以乡镇（街道）及城乡社区党组织为核心，基层群众性自治组织为基础，居民为主体，业委会、物业公司、驻社区单位、社会组织、群众团体等多元共治的社区治理架构，推广"扁平化""网格化"管理服务模式，真正"把社区管理抓到位，把公共服务送到家"。指导各地民政部门配合政法部门进一步健全网格化社区治理机制，加强网格化五级平台建设，推进"一张网"和"五统一"，通过统一划分网格、配备专兼职网格员、创新联系群众方式、一体化数据采集等方法，做到"一人采集、全网关联、各方应用、联动处置"。**四是深入推进社区治理创新**。加强对全国社区治理与服务创新实验区、全国农村社区治理实验区、全国街道服务管理创新实验区以及全省社区治理创新实验区等15家单位的跟踪管理和综合评估。配合民政部专家组完成了对南京市雨花台区的5家单位开展第三批全国社区治理创新实验区结项验收工作，目前已全部通过结项验收；组织6家单位参加全国社区治理服务创新实验区和全国街道服务管理创新实验区申报工作。以群众性、民生性、系统性、创新性、操作性、示范性为标准，指导各地不断创新城乡社区治理模式，形成可复制可推广的操作性强、特色鲜明、百花齐放的社区工作法。

三、健全服务体系，增强为民服务效能

一是加大城乡社区建设资金投入。研究起草城乡社区服务能力建设专项资金分配方案，加大对城乡社区治理与服务经费投入力度，通过完善政府、社会多元化投入的社区治理服务经费保障机制，采取"以奖代补"形式，引导各地以政府公共财政投入为主渠道，多方筹集建设资金，整合社区服务资源，提升为民服务效能。2018年省级财政投入1.35亿元专项资金用于城乡社区建设和基层党组织为民服务，撬动地方财政配套社区建设资金投入

6.2亿元。**二是加强城乡社区综合服务设施建设**。按照"十三五"末全省城乡社区基本公共服务功能配置达标率达到95%以上的目标,指导各地用好各级城乡社区建设引导资金、党组织为民服务资金等经费,通过新建、购买、置换、改(扩)建、项目配套和整合共享等方式,重点加强经济薄弱村、老城区社区用房建设,全省共完成改造提升和新建300个社区综合服务中心任务,新增城乡社区服务用房面积近7万平方米,大力提升综合服务设施建设水平,完善功能配套。**三是逐步完善社区服务体系**。指导各地认真贯彻《江苏省"十三五"基层基本公共服务功能配套标准》,健全社区综合服务中心的基本公共服务功能。进一步拓展服务功能,健全服务体系,不断满足城乡居民日益增长的生产生活和物质文化需求。出台《江苏省城乡社区服务体系建设规划(2017—2020年)》,增强服务功能,促进城乡基本公共服务均等化和城乡发展一体化。依托"社区+"平台,整合社区资源,全面推行"一

徐州市云龙区新任村(居)委会主任集体谈话会

门受理、一站服务、全科社工",大力发展市场化服务、便民利民服务、居民志愿互助服务等,构建多元主体有效衔接的社区综合服务体系,方便居民群众生产生活。**四是拓展三社联动。**深入推进以社区为平台、社会组织为载体、社会工作为支撑的"三社联动"机制,通过大力培育社区社会组织,建立社会组织参与社区服务机制。放大"社区+"联动效应,整合"三社"与社区养老、社区救助、防灾减灾、文体教育、医疗卫生等资源,打造"社区+"平台,优化各级各类资源在城乡社区的配置融合,促进社区服务提质增效。坚持"以用为本",把社会工作人才培养与使用结合起来,大力开发专业社会工作岗位,重点在救助、养老、助残、妇女儿童、青少年事务、特殊人群服务管理、教育、司法、医疗等领域广泛引入专业社工,提升社会治理和服务专业化水平。充分发挥社会组织立足公益、机制灵活的服务载体作用,进一步完善孵化培育、人才引进、资金支持等扶持政策,落实税费优惠政策,采取政府购买服务、设立项目资金、补贴活动经费等措施,将政府承担的技术性、服务性、辅助性行政事项和公共服务事项转交有资质的社会组织承接。

(江苏省基层民主法治建设协调指导办公室　供稿)

2018年企业法治建设发展报告

2018年，全省企业法治建设工作以建设"强富美高"新江苏、推动高质量发展走在前列目标为指引，按照省委关于全面依法治省工作的部署要求，切实强化全省企业法治工作指导，完善中小企业公共服务平台建设，促进企业积极履行社会责任，不断优化企业营商环境，全省企业法治建设工作取得了较好成效。

一、深入推进全省企业法治宣传教育

坚持把依法治企作为法治江苏建设的重要内容，在法律顾问队伍建设、典型案例分析、守法诚信经营等方面加大推进力度。**一是研究出台深化全省企业法治建设行动方案（2018—2020年）。**通过打造"五项工程"、推进五项系列行动，实现全省企业法治"四个提升"。**二是探索建立公共法律服务平台。**聚焦全省产（行）业发展特点和地区企业分布，依托行业龙头企业和骨干企业，赴徐州、常州、苏州、连云港、无锡、南通等地，探索建设先进制造与新材料、电力与新能源、通信与大数据、小微企业与双创、军民融合等公共法律服务平台。**三是组织开展企业"七五"**

普法中期检查。将"送法送政策进企业"与"七五"普法中期交流相结合，先后在南京、淮安、常州等地组织省属企业、驻苏央企以及省有关重点企业进行"七五"普法中期交流座谈和现场抽查评估，对先进集体和先进个人进行通报表扬。

企业"七五"普法中期检查座谈交流

二、持续推进法律服务企业活动

坚持把法治理念宣传教育融入企业法治中心工作，实施法治惠企工程，法律服务企业取得新成效。**一是充分发挥省企业法制工作协会平台服务作用**。不断提升为企业提供精准优质法治服务能力，推进企业法治宣传教育制度化、常态化，引导企业将法治学习作为管理培训、员工教育的必修课，企业学法用法制度不断完善，全员尊法学法守法用法的良好氛围逐渐形成。**二是坚持送法进企**。先后赴南京、常州、淮安、苏州等地开展"送法送政策进企业"活动，组织专家律师团为基层企业答疑解惑，围绕制造业发展趋势与政策导向、新政策新法规释义、企业法治与社会责任

送法送政策进企业

建设指南进行宣讲，深受基层企业好评。**三是营造企业法治工作氛围**。总结省电力公司企业法治成熟度评价典型经验做法，探讨新形势下增强企业主要负责人法治意识和责任的体制机制。利用新华网、江苏经济报等广泛宣传报道企业法治先进经验，不断增强企业学法、守法、用法意识和维权能力。

三、深化全省企业履行社会责任工作

积极探索江苏省企业社会责任建设试点工作，宣传企业社会责任，弘扬企业家精神。**一是组织开展试点企业综合评价**。精准指导试点企业做好社会责任工作，聘请第三方机构对2017年度全省70余家社会责任建设试点企业进行了综合评价。指导省电力公司在全省电力系统开展社会责任专题系列活动。**二是组织召开**

新时代江苏企业社会责任建设与传播发布会，对《江苏省 2017 年企业社会责任评价总报告》和"2017 年度企业社会责任江苏典范榜"进行宣传发布，集中展示我省 2017 年度企业社会责任建设试点工作成果。**三是启动 2018 年度社会责任试点企业推荐工作**，指导各地经信部门广泛发动行业龙头企业、小巨人企业、江苏自主工业品牌 50 强企业、江苏百强民营企业等广泛参与，不断拓展社会责任覆盖面和影响力。**四是加强信息化网络平台建设**。依托大数据平台，建设全省企业社会责任数据系统，运用信息化手段和大数据加强社会责任建设，未来可实现与社会信用数据相互推送。江苏推进企业社会责任相关工作被工信部、省政府网站和新华日报、江苏经济报等报道，得到工信部政法司充分肯定。

江苏企业社会责任发布会（一）

江苏企业社会责任发布会（二）

四、中小企业政策法律服务体系不断完善

强化中小企业政策支撑，完善服务体系，让各项政策惠及全省广大的中小微企业。**一是突出抓好新修订《中小企业促进法》的宣贯。**深入开展《中小企业促进法》和促进民营中小企业发展政策宣讲，汇编发放惠企政策，并根据省委、省政府主要领导批示要求，会同省有关部门联合开展小微企业政策落实督查。同时，积极用好财政专项资金，支持促进民营企业、中小企业发展。认真梳理支持中小企业发展各项政策，通过多种方式加强宣传。**二是激发民营经济创新发展。**围绕先进制造业集群建设和特色产业打造，鼓励、支持优势民营企业通过兼并重组，实现规模化、集约化经营，加快培育一批主业突出、拥有自主知识产权和知名品

《中小企业促进法》宣贯

牌、具有国际竞争力的优强骨干民营企业。深入实施专精特新小巨人企业培育计划，精心培育一批细分行业的"隐形冠军"、"独角兽"企业，今年新增25家全国制造业单项冠军。**三是打造构建企业公共服务平台体系。**着力构建以公益性服务机构为主导、社会中介服务机构为支撑的全省中小企业公共服务体系，全省累计创建国家级中小企业公共服务示范平台35家，省三星级以上示范平台564家，整合带动3000多家中介服务机构开展服务，较好地满足企业服务需求。推进工业互联网平台建设，组织实施中小企业3年上云计划。推动小微企业创业创新载体建设，培育国家级小型微型企业创业创新示范基地12家，省级示范基地275家。同时，举办工程机械、现代农业装备、汽车、环保等产业协作配套对接会，促进大中小企业融通发展。

五、降本减负支持企业发展

按照省政府部署，扎实推进降本减负工作。2016年以来，省政府先后出台了《省政府关于降低实体经济企业成本的意见》《省政府关于进一步降低实体经济企业成本的意见》《关于切实减轻企业负担的意见》等三个文件，提出了70条支持企业发展的措施，为企业降低成本3300亿元。起草并提请省政府印发《关于进一步降低企业负担促进实体经济高质量发展的若干政策措施的通知》，落实降低企业负担政策，预计将进一步为企业降本减负600亿元。编制《江苏省工业和信息产业转型升级白皮书》，明确产业政策支持和引导方向，给予企业稳定的政策预期。针对用电贵问题，进一步扩大电力直接交易规模和用户参与面，参与用户范围扩大至全部10千伏及以上电压等级的大工业用户及一般工商业用户。大力支持民营和中小企业发展，进一步修改完善技术改造综合奖补政策，加大对民营企业技术改造的支持力度。针对融资难、融资贵问题，会同有关机构落实好中央财政对小微企业融资担保业务降费奖补的政策和《工信部工行总行中小企业金融服务战略合作协议》，在全省推广"专精特新贷"产品，加强民营中小企业融资洽谈和项目对接活动，引导和鼓励更多地方设立中小企业转贷平台，探索与阿里巴巴蚂蚁金服建立合作机制，为对中小微企业提供更多融资产品，加强信贷支持力度。

六、大力优化企业营商环境

根据省政府2018年立法工作计划和省领导指示，协调推进《江苏省营商环境优化办法》立法起草工作。组织成立起草小组，协调编办、发改、人社、商务、市场监管、税务、金融监管、银保监、人行南京分行、南京海关、江苏电力等单位分工研究起草，经多次修改形成共5章49条的草案稿，配合省发改委起草关于聚焦企业关切优化营商环境的政策文件。严格履行规范性文件制发程序，制定并落实《公平竞争审查工作制度（暂行）》，对涉及主体市场活动的政策措施进行公平竞争审查，清理和防止出现妨碍工业信息化领域统一市场和公平竞争的政策和做法。定期对本部门制定出台的产业政策实施情况进行跟踪督查和绩效评价，保持产业政策的连续性、稳定性、公平性。落实《关于运用综合标准依法依规推动落后产能退出的实施意见》，坚持用市场化、法制化手段化解过剩产能、淘汰落后产能，为优势产能释放发展空间。继续实施并优化领导挂钩联系领军企业和龙头骨干企业制度，通过厅领导精准挂钩服务，"一企一策"解决企业问题，营造支持企业做强做大的良好氛围。

（江苏省依法经营协调指导办公室　供稿）

区域报告

2018年法治南京发展报告

2018年，南京市全面贯彻落实省市委法治建设工作决策部署，围绕提升人民群众法治建设满意度，坚持对标找差，高质量发展，全面深化依法治市战略，为高水平全面建成小康社会、高质量建设"强富美高"新南京提供坚强有力法治保障。人民群众对法治建设满意度达98%。

一、坚持党委统领全局，依法执政能力进一步加强

一是强化对标落实责任。市委十四届五次全会制定部署《对标找差创新实干推动高质量发展实施方案》，法治建设满意度成为高质量发展重要衡量指标之一。落实《南京市贯彻落实党政主要负责人履行推进法治建设第一责任人职责规定实施细则》，把推进法治建设工作纳入本地区本部门经济社会发展总体规划和年度经济社会发展目标。

二是树立标杆明确重点。以依法治市领导小组名义表彰全市法治建设先进区、先进部门以及先进街镇，为推动新一年度工作树立标杆。围绕保障、规范、引领市委市政府部署的转型升级、

创新发展工作要求，制定出台《2018年度依法治市工作要点》和《2018年度法治南京建设十件实事》，为高质量发展保驾护航，营造良好法治环境。

三是客观评估培育样板。 开展市委贯彻《省委十二届八次全会重要举措实施规划（2015—2020年）的专项规划》中期评估，进一步优化各领域各层面工作举措。培育、打造基层治理法治化工作样板，开展《基层社区依法治理模式及其路径研究》等重点课题研究，《法制日报》头版头条《多元共治夯实法治根基》一文对南京市基层治理法治化工作进行了重点报道。

四是强化意识形态领域法治建设。 以中央巡视反馈意见整改为契机，出台《党委（党组）意识形态工作责任制落实情况检查考核指标体系（区、江北新区）》，全面推动意识形态工作责任制落实。正式设立市委网信办，先后出台《南京市互联网新闻信息服务管理规定》《南京市网络安全三年行动计划（2018—2020年）》

全国人大监察和司法工作座谈会在宁召开

南京江北新区发布法治政府建设实施规划（2018—2020年）

等制度性文件。

五是强化培育领导干部法治思维。积极开展领导干部法律知识学习培训，将法治教育纳入党校主体班和高校选学专题班教学计划，引导党员干部特别是领导干部自觉运用法治思维、法治方式谋划工作、指导实践，组织110名新任市管领导干部参加任前法律知识培训考试，由人大任命干部的任前法律知识考试率达100%。举办7场旁听法庭庭审活动，324名市管领导干部参与其中。

二、强化科学民主立法，地方立法水平进一步提升

一是坚持党领导立法。全面落实《中共南京市委关于进一步加强党领导立法工作的若干意见》，以市委名义转发"2018—2022"五年立法规划和年度计划，把群众关注度高、社会发展急需、基本成熟可行的项目优先纳入立法规划。全年召开9次常委

会会议，制定修订法规6件，听取和审议"一府两院"专项工作报告14项，计划、预算、审计等报告12项。

二是突出立法重点。启动五年立法规划编制工作，立法规划项目中涉及民生领域的约占2/3，从源头保障社会治理和民生幸福。高质量制定《南京市国家公祭保障条例》。制定《南京市管线管理条例》，一审《南京市大气污染防治条例（草案）》，集中打包修改《南京市城市绿化条例》、《南京市固体废物污染环境防治条例》等6件法规。

国家公祭日　南京警方出动5000警力保安全

三是确保立法质量。健全人大主导立法工作机制，制定市人大常委会《立法前评估办法》，立法决策更为科学合理；遴选了47名律师担任市人大常委会法律助理，立法咨询委员会选聘了65名专家，将基层立法联系点数量扩充为88家，借助网站、微博、微信等渠道开展民主立法，通过"金陵民声—热点网谈"栏目，邀请代表与网民在线交流,打造立法"接地气"直通车。

三、加快打造法治政府,依法行政成效进一步显现

一是高位谋划法治政府建设。 制定印发《南京市2018年法治政府建设工作计划》,确定依法全面履行政府职能,完善依法行政制度体系,推进行政决策科学化、民主化、法治化等共7方面30项目标任务,明确牵头部门和责任部门,推动法治政府向纵深发展。2018年全国百城法治政府建设评估,该市再次进入前十名。

二是提升行政执法水平。 严格落实重大行政决策合法性审查和行政执法人员资格管理制度,对300余件各类文件进行了前置合法性审查,涵盖营商环境、民生保障等重要领域;实施行政复议数字化管理,建立健全重大行政应诉案件报告、旁听、研讨、分析等制度。承办推进国家级农村改革试验区拓展试验任务实施方案等合法性审查,鼓励支持民警参加国家法律职业资格考试。

三是深化"放管服"及综合行政执法改革。 推进"不见面审批(服务)"改革。"企业开办全程不见面"3.0版、"江苏政务服务APP"人才落户业务上线运行。推动"三张清单"落实,强化行政执法监察。组织申报"法治政府创新奖"项目,精选《南京市城市治理法治化的创新实践》《江心洲街道"五联工作法"深化基层法治建设的新探索》等4项。

四是充分发挥法律顾问作用。 制定《南京市人民政府法律顾问委员会工作规则》《南京市政府法律顾问使用规则》,进一步规范法律顾问参与法律事务处理的途径、工作范围。目前,全市已有220个部门建立了公职律师制度。组织法律顾问参与各类政府合同审查、涉法事务咨询,承办政府合同审查案件,出具法律审

2018 法治江苏建设2018年发展报告

南京市中级人民法院发布审判改革成果

查意见。选派法律顾问团成员参与"钱宝网"案处置、扫黑除恶、2018年世界羽毛球锦标赛等专项工作。

四、突出以人民为中心，司法公信力进一步增强

一是稳步推进综合配套改革。推进以审判为中心的刑事诉讼制度改革，顺利完成刑事案件认罪认罚从宽制度试点任务。司法责任制改革全面落实，新的审判权、检察权依法规范运行。全面落实受案立案制度改革，在全市12个公安分局推广应用执法办案管理中心，切实解决"有案不受、有案不立"等问题。

二是加快司法信息化建设。开展政法大数据共享平台应用试点建设，增强运用大数据推进执法监督工作新本领新思维，研发完成政法业务协同办案平台，推行刑事案件网上协同办理；大力推进智慧法院、智慧检务和"微警务"三期建设及大数据应用等，全市司法机关执法办案效率和公信力得到进一步提升。

南京检察机关打造智慧检务"新名片"

三是为民营企业发展营造良好司法环境。 市各政法部门积极贯彻落实《关于支持民营经济健康发展的若干意见》，开展"走民企送政策送服务"活动。全程参与《南京市优化营商环境100条》的制定工作，努力为企业家创新创业营造稳定、公平、透明、可预期的法治营商环境。

四是健全制约和监督机制。 严格落实司法责任认定和追究制度，完善办案流程管理、质量监督评查和绩效综合考评等内部监督制度；强化执法活动监督，完善公检法联席会商工作机制，健全重大疑难案件听取检察机关意见制度；强化公安执法公示平台应用，共公示各类信息51万件，公示率达99.9%。

五、推进基层治理法治化，群众获得感进一步攀升

一是强化基层依法治理。 发挥基层党组织统筹协调引领法治建设作用，探索推行"党务三公开"、智慧社区平台"全覆盖"、社

会组织参与治理，完善议事会、微自治等民主协商议事机制。出台社区治理"1+2"文件，完善社区治理体系。全国社区治理与服务创新实验区数量7个，每万人拥有持证社工人数达14.4人。

二是坚持法治服务惠民。以项目化形式推进"法治十件实事"，让法治更惠民，让群众更满意。行政机关负责人出庭应诉率明显上升。成立全省首家知识产权仲裁调解中心，开展安全生产大排查大整治大执法活动，实施保障公众食品安全工程。深入开展"法企同行"活动，6000余名律师为近2万多家企事业担任常年法律顾问。

三是打造社会共治新格局。深化"大排查、大整治"行动，完善矛盾纠纷多元化解和突发事件应急处置机制，提升化解社会矛盾能力。开设网格学院，高标准推进网格化社会治理，划分网格12954个。深化现代化立体化信息化社会治安防控体系建设，深入开展扫黑除恶专项斗争，严惩各类违法犯罪活动。化解和有效稳控国家和省级交办的"四项重点"攻坚事项。

四是依法规范市场秩序。积极推动市属国有企业普遍建立法律顾问和公司律师制度，推出"智慧南京·企业服务网""南京市中小企业线上法律服务平台"，持续举办"送法送政策进企业"系列活动；组织"利剑"行动打击食品药品犯罪，开展民工讨薪问题专项监督，建立"企业自评＋信用测评"动态管理，排查重大安全生产隐患。

六、创新法治文化建设，全民法治素养进一步提高

一是完善服务体系。制定《关于推进全市公共法律服务平台规范化建设的实施意见》，明确全市四级平台建设标准；全市1236个社区（村）各配备1名法律顾问，建立社区（村）"法润民

生"微信群,实现在线实时咨询。12348热线电话接听8万次,满意率和接通率均达到97%。

二是丰富形式载体。深化"法润南京·春风行动",开展"防范风险化解"等专项行动,同步推进官方微博和"南京司法行政在线"微信公众号建设;法治栏目全方位多角度报道宣传市委市政府关于依法治市的新理念、新政策、新举措。推广新媒体法治宣传品牌,《德法同行·南京律师团》影响面涉及全国各大省市。

三是增强教育质效。组织15万余名党员干部参加全省习近平新时代中国特色社会主义思想知识竞赛,组织普法讲师团专家开展系列新修订宪法宣传,举办"流动普法校园行"、"4·8司法日"主题、"金陵法治惠民大讲堂"、"情系民工"等专项活动,有力提升全民法治观念。

(中共南京市委全面依法治市委员会办公室 供稿)

2018年法治无锡发展报告

2018年，无锡市认真贯彻落实党的十九大和全省、全市政法工作会议精神，紧紧围绕党委政府工作大局，深入推进法治无锡建设各项工作落实，全市经济、政治、文化、社会和生态文明的法治化水平进一步提高，人民群众法治满意度在全省13个设区市中位居第一，为服务高质量发展提供了强有力的法治保障。

一、以第一责任人职责为总揽，着力推动法治责任落实

市委市政府高度重视法治无锡建设工作，将法治建设纳入高水平全面建成小康社会总体规划，与经济社会发展同规划、同部署、同推进、同考核。

一是科学谋划部署。市委常委会将法治建设工作纳入常委会重点工作内容，听取年度汇报；市依法治市领导小组研究制定《2018年度法治城市创建工作实施意见》，以创建"法治中国示范区"为总目标，制定9项总体目标，以着力提升法治系列创建水平为抓手，推进6项重点工作，以"崇法善治无锡行动"为主线，

开展11项具体活动。

二是健全落实责任制。市委市政府以两办名义出台《无锡市贯彻落实〈党政主要负责人履行推进法治建设第一责任人职责规定〉实施细则》，明确了党政主要负责人推进法治建设第一责任人职责内容，细化了党政主要负责人履行全面推进依法治市重要组织者、推动者和实践者的示范、引领和表率作用，自觉运用法治思维和法治方式深化改革、推动发展、化解矛盾、维护稳定的具体事项，规范了考核、述职、追责等程序。

无锡市举办市委中心组宪法学习报告会

三是强化巡视督导。市依法治市办与市法院、市药监局、市检察院、市审计局联合召开法治建设新闻发布会4次，就法治惠民实事工程项目、行政负责人出庭应诉机制、乡村治理法治化等重点工作开展法治巡视督查5次。

四是深化目标考核。将法治建设各项重要指标列入高质量

无锡市依法治市办和市食药监管局联合举办第四十七次法治无锡新闻发布会

发展考核指标和党的建设考核指标，对各地各部门的法治建设工作进行考核，考核结果纳入部门绩效评价和地区党政领导目标考评；组织65家市级机关单位、人民团体、直属单位的407名市管领导干部以及各市（县）区、镇（街道）的领导干部参加了年度述法考评。

二、以良法善治为目标，着力提高地方立法质量

进一步拓展社会公众有序参与政府立法新渠道，使政府立法更好地体现民意、反映民声、服务民生。年内，围绕推动产业强市、服务保障民生、优化政务服务，市人大审议通过《无锡市不动产登记条例》《无锡市文明行为促进条例》等地方性法规3件、法规集中修正案1件。围绕推进服务保障民生、社会公共安全，市政府法制办制定《无锡市违法建设治理办法》《无锡市既有住宅增设电梯暂行办法》《无锡市业主大会和业主委员会活动规则》等政

府规章、规范性文件6件。落实政府规章周年报告制度，组织开展《无锡市社会医疗保险管理办法》立法"回头看"活动，对《无锡市市区征收土地涉及房屋及其他建筑物构筑物补偿安置办法》等2部规章开展立法专家论证，对《无锡市水文管理办法》等8部政府规章开展立法后评估。组织开展市政府规章规范性文件全面清理工作，共涉及106件市政府规章，其中继续有效83件，废止和宣布失效19件，修改4件，涉及规范性文件1017件，其中继续有效238件，废止和宣布失效778件，修改1件。

三、以规范公权为重点，着力完善法治政府建设

按照"职能科学、权责法定、执法严明、公开公正、廉洁高效、守法诚信"的要求，以规范执法、优化服务为重点，着力深化法治政府建设，全市依法行政能力进一步提升。

一是全面落实法律顾问制度。制定出台《无锡市人民政府法

无锡市委法律顾问聘任仪式

律顾问工作规则》《无锡市政府合同合法性审查程序规定》，建立完善重大决策公众参与、专家论证、风险评估、合法性审查和集体讨论制度，落实重大行政决策监督管理、决策后评估制度，重大行政决策终身责任追究制度和责任倒查机制。市委、市政府分别聘任8名和10名律师作为法律顾问，党委政府重大决策合法性论证率达100%。

二是深入推进行政执法体制改革。着力深化"放管服"改革和"3550"简政目标，大力推进简政放权、优化审批服务。大力推进"互联网+政务服务"建设，市级6大类1759项政务服务业务项、市（县）区6190项业务项在政务服务网上集中进驻，实现"应上尽上"，6528项政务服务事项具备"不见面"审批能力，占比82.1%。深化相对集中行政许可权、综合行政执法改革，在基层形成执法信息互联互通、综合执法市镇联动、条块结合的综合执法新格局。

三是依法化解行政争议。加强行政复议工作，落实行政机关

无锡市召开行政复议和行政诉讼出庭应诉工作推进协调会

负责人出庭应诉，完善行政调解，全市各级行政机关共受理行政复议案件919件，办结827件，组织行政复议案件公开听证12次，发生行政应诉案件697件，发生行政调解案件36801起，调解成功30725件，调解成功率83.49%。

四、以改革创新为突破，着力破解公正司法难题

探索构建组织科学化、运行高效化、履职专业化、保障现代化的中国特色社会主义司法制度体系。

一是以公开促公正，司法公开信息化建设取得新成效。适应"互联网＋"新时代要求，不断拓展审务公开、检务公开、警务公开新渠道。法院系统深化"智慧法院"建设，大力加强审判流程、裁判文书和执行信息公开三大平台建设，全面落实立案、庭审、执行、听证、文书和审务"六公开"；检察系统构建检察新媒体矩阵，着力打造司法为民的网上平台；公安系统建立涵盖行政权力、法律法规、办事流程、通知公告等六大类内容的网上公安。

二是以改革促公正，司法体制改革取得新成效。法院系统突出抓好以审判为中心的刑事诉讼制度改革，着力构建以审判为中心、以法官为主体、以去行政化为重点的审判权运行机制；检察系统积极探索公益诉讼制度改革，在全省率先出台《关于办理人民检察院提起环境公益诉讼案件的试行规定》；司法行政系统开展刑事案件审判阶段律师法律援助全覆盖试点工作，加强人权司法保障，促进司法公正。

三是以攻坚促公正，破解执行难等突出问题取得新成效。健全完善党委领导、人大监督、政府支持、法院主办、社会各界协作配合的执行工作机制，进一步加大对拒不申报或虚假申报财产、拒不执行法院生效裁判等违法行为的打击力度。

五、以法治文化为导向，着力培育全民法治意识

以"七五"普法宣传教育为主线，着力在全市营造"抬头见法、出门学法、办事循法"的浓厚氛围。

一是围绕《宪法》普及，广泛开展宣传教育活动。在全市开展《宪法》学习宣传教育活动，实施"头雁学法"示范宣传、"法护蓓蕾"校园宣传、"法惠民生"基层宣传、"全媒体普法"公益宣传四项行动。

二是突出重点对象，带动提升全民法治素养。把学法列入党委（党组）理论学习中心组年度学习计划，组织市政府常务会议专题学法，邀请中国社科院、浙江大学、上海交通大学、南京审计大学等专家学者开展依法治国主题报告会，在全市开展百万党员学宪法、学党章知识竞赛活动。

三是做强特色品牌，积极推进法治文化建设。大力推动法治文化阵地全覆盖，截至目前，建成市级法治文化示范点368

无锡市惠山区法治宣传月活动

个，省级法治文化建设示范点44个。广泛开展法治文化活动，举办"我与宪法"优秀微视频征集展播、法治楹联书画作品巡展、法治动漫微电影创作、法治文艺演出、德法大讲堂等群众法治文化活动。

四是坚持创新联动，全力打造无锡智慧普法。 升级改造无锡智慧普法体系，全力打造集需求感知、产品研发、知识推送、服务供给、数据运用为一体的开放共享、精准普惠的无锡智慧普法体系。

六、以法治惠民为抓手，着力提升群众法治满意度

坚持把法治惠民作为法治建设的出发点和落脚点，用法治思维、法治方式解决群众最关心、最直接、最现实的问题。年内，全市共组织实施法治惠民实事工程项目219件，其中，市级机关部门落实项目16件，各市（县）区落实项目59件，各镇（街道）落实项目144件，涉及地方性法规建设、司法体制改革、政务服务、

无锡市举办2018年市级法治惠民实事工程项目评审会

交通管理、跟踪审计、房屋买卖、安全监管、湿地保护、公共法律服务、法律知识普及等多个领域。在全省法治实事项目评选活动中，市依法治市办推荐的3件法治实事项目被评为"全省首批优秀法治实事项目"，2件法治实事项目获提名奖。

七、以系列创建为载体，着力铸就法治无锡品牌

以法治城市创建为龙头，深入开展法治市（县）区、法治镇（街道）、规范执法示范单位（示范点）、民主法治示范村（社区）、法治文化建设示范点等法治系列创建活动，形成"一区一特色，一镇一品牌"的法治创建局面。江阴市、滨湖区获评第四批"全国法治县（市、区）创建活动先进单位"；锡山区安镇街道安西村、江阴市新桥镇绿园社区、宜兴市宜城街道巷头社区获评第七批"全国民主法治示范村（社区）"；江阴市、宜兴市、滨湖区获评"2016—2017年度全省法治建设示范县（市、区）"；锡山区、惠山区获评"2016—2017年度全省法治县（市、区）创建工作先进单位"；7家法治文化阵地获评第六批"省级法治文化建设示范点"。

八、以能力建设为重点，着力打造法治专业化队伍

按照党和人民的新要求、新期待，着力打造一支政治过硬、业务过硬、作风过硬的法治专业化队伍。

一是大力加强法治工作者思想政治建设。组织法官、检察官、公安干警、行政执法人员、法律服务从业人员认真学习党章党规、党的十九大报告，组织前往革命圣地参观学习。

二是大力加强法治工作者业务能力培训。分期分批组织市级机关法治建设联络员、市（县）区法治办主任、法治科长、公检法司各单位人员、律师、公证员、新申领行政执法资格证人员进行

法律知识培训。

三是大力加强法治工作者理论素养。组织开展以"为服务高质量发展提供法治保障"和"新时代基层治理法治化发展"为主题的论文征集评选活动，收到理论调研文章159篇，获奖39篇。

四是大力加强法治工作者管理水平。出台《关于在全市政法系统开展政治督察工作的意见》，面向全市政法系统开展常态化政治督察，加强对法治工作者的管理。

（中共无锡市委全面依法治市委员会办公室　供稿）

2018年法治徐州发展报告

2018年，徐州市坚持以习近平新时代中国特色社会主义思想为指导，认真学习贯彻落实习近平总书记在中央全面依法治国委员会第一次会议上的重要讲话精神、党中央关于全面依法治国的决策部署和省委、市委法治建设的部署要求，强化"法治是第一环境"理念，紧紧围绕"争当全省法治建设排头兵、构建全省法治建设先导区"目标，突出重点、创新思路、突破难点，使法治徐州建设绩效稳步提升。

一、强化组织领导

以深入贯彻落实全面依法治国新部署、新要求为契机，加强法治徐州建设的组织和推动。

一是强化责任驱动。市委市政府将法治建设纳入全市"十三五"规划和常委会年度工作计划，主要领导积极履行推进法治建设第一责任人职责，听取立法、司法、执法及依法治市工作汇报。市依法治市办召开法治城市创建工作推进会，学习中央全面依法治国委员会第一次会议精神，通报省2017年度法治城市

行政执法规范化建设推进会

创建检查考核反馈意见；定期召开协调指导办公室联席会议，及时协调解决法治建设工作遇到的困难和问题。

二是强化考核促动。市委市政府将法治建设纳入全市重点经济工作目标考核，市依法治市办修订完善法治县（市）区、法治镇（街道）、市直机关单位法治建设工作考核办法，全市上下形成以考促创、以创促优、争先进位的法治建设工作格局。

三是强化督导推动。完善"1+5"工作机制（即：一张清单引领，提示、督导、通报、会办、考核五项机制保障）。年初制定全年法治建设任务清单，分解到各相关单位，明确工作时间表、路线图和责任人；及时梳理、分析法治问题，"一对一"发函提示；组织法治建设重点任务督导，通报工作进展情况；定期调度、会办涉及跨部门的法治建设相关工作；加强考核考评，推动各地各部门法治建设工作落实。

四是强化典型带动。开展第三批法治徐州建设优秀实践案例评选等工作，评选出"阳光扶贫"监管系统建设、民警执法办案辅助系统建设、全国首份监护权证明书破解证明"我是谁"等11件优秀案例，为基层和条线部门法治建设树立"标杆"，发挥先进典型的辐射带动效应。

五是对标找差拉动。在省内外各找一个地区作为法治建设学习标杆，开展向先进地区学习活动，进一步补齐"短板"、加固"底板"，努力打造群众满意度高、获得感强的法治城市。该市在原有4个县区获评全国先进的基础上，2018年又新增2个县（市）区（邳州市、泉山区）获评第四批"全国法治县（市）区创建活动先进单位"；4个县区（鼓楼区、铜山区、云龙区、睢宁县）被省委省政府表彰为"2016—2017年度全省法治建设示范单位"，2个区（泉山区、贾汪区）被省委省政府表彰为"2016—2017年度全省法治县（市、区）创建工作先进单位"。全省"新时代基层治理法治化发展"研讨会在贾汪区召开，充分肯定该市基层社会治理的工作成绩。2018年，该市以国内第一名的评审成绩荣获"联合国人居奖"，在第十七届全球国家（城市）竞争力排行榜中位列第四名。

二、突出法治重点

围绕立法、执法、司法、普法四个方面，以重点工作带动法治建设的全面深入推进。

一是完善立法体制机制，努力提升地方立法水平。市人大常委会健全完善公众意见表达、采纳和反馈制度，通过委托第三方参与立法起草修订等，拓展人民群众和社会各界参与渠道，创制了一批高质量的地方立法，其中《徐州市停车场管理条例》系在全省范围内率先制定的地方性法规，《徐州市质量促进条例》系全国首部质量促进地方性法规。

二是营造优质高效便利政务环境，推进法治政府建设。贯彻落实《徐州市公众参与重大行政决策程序操作规则》《徐州市重大行政决策后评估制度》，增强行政决策透明度和公众参与度；持续深化"放管服"改革；不见面审批（服务）事项覆盖率全省第一；加快推进完善市县镇村四级政务服务体系建设，打造形成区域"审批事项最少、办事效率最高、营商成本最低、政务服务最优、创新创业活力最强"的营商环境。每季度定期通报行政诉讼案件败诉及行政负责人出庭应诉情况，督促各地各有关部门规范行政执法行为。

三是推进公正司法，增强司法公信力。全面完成员额制等司法责任制改革重点任务，稳步推进司法体制综合配套改革，公益诉讼、环资审判、家事审判等改革形成了"徐州品牌"，"两法衔接"机制被评为全省政法工作优秀创新奖。全市法院开展涉徐工集团案件集中执行攻坚等系列专项行动，实际执结案件及实际执结率同比均显著上升；市检察院全力推进"破坏环境资源犯罪专项立案监督活动"和"危害食品药品安全犯罪专项立案监督活动"，加强了对行政机关履职情况的监督；市公安局建设运行"一站式"办案中心和民警执法办案辅助系统，促进执法规范化。

四是加强法治宣传教育，增强社会法治信仰。以"法律十进"为载体，深入开展"七五"普法教育。将社会主义核心价值观融入法治徐州建设，推进德法教育融合。组织开展"讲好新时代徐州法治故事"活动，以举行法治文化作品大赛的形式，宣传国家宪法法律，展示法治建设成就，讲述身边的法治故事；12月4日起组织开展为期一周的"弘扬宪法精神·聚焦法治徐州"展播活动，通过全息影像、动态展板等形式全方位展示全市政法部门、行政执法机关及企业、社会组织弘扬宪法精神、推进法治实践的

"弘扬宪法精神·聚焦法治徐州"展播活动之一

最新成果,在全社会营造了浓厚的法治氛围。

三、夯实基层基础

在新沂市组织召开县(市)区法治建设工作现场会,推广基层创新经验,加大基层沟通交流。

一是探索基层民主自治新途径,提高社会治理法治化水平。坚持党建引领,以人民为中心,自治、法治、德治"三治"融合,打造共建共治共享的基层社会治理格局,有效提升居民群众的参与度、获得感。新沂市推进村(社区)法治书记工作,主动服务群众,做实法治基层基础;云龙区探索建立社区"法律门诊部",对居民矛盾纠纷、法律需求,做到"早发现、早介入、早帮助、早处理";贾汪区利用村级文化场所开设"道德讲堂""四点半学堂",通过贴近服务来引领村民崇法向善;多地成立"乡贤工作室""五老议事会""大佬执理事会"等调解组织，充分发挥老干部、老党员、老族长地熟、人熟、事熟的优势，及时妥善处理各种问题矛盾，实现小事不出村、大事不出镇的目标，矛盾纠纷调解成功率达 80% 以上。

二是做优法治文化阵地，培育区域法治建设典型。以营造崇法向善的人文环境为目标，在全市实施法治文化阵地建设"一一二"工程 2.0 版，打造法治氛围浓厚、管理机制灵活、生态环境优美的法治文化阵地，实现了全市市县镇村四级法治文化阵地全覆盖，获评全省首批优秀法治实事项目。

三是办好法治惠民实事，营造安居乐业的社会环境。在抓好省 8 件法治惠民实事的基础上，又组织实施 7 件市级法治惠民实事，主要有涉企"智慧警务"平台、打击网络传销可视化建模平台、公共法律服务体系实体平台建设，实施"攻坚执行难"专项行

"弘扬宪法精神·聚焦法治徐州"展播活动之二

动、"法治进校园"、免费"政务专递"服务,创新环境资源专业审判机制等。定期督促检查项目进展情况,努力把实事办实、办好、办出成效。在9月全省"首批优秀法治实事项目"评选活动中,获优秀奖4件,提名奖1件。

四、着力创新创优

坚持以创新为引领,推动法治建设有声有色有效开展。

一是组织开展讲好法治徐州故事活动。市依法治市办会同市法宣办,通过开展"法治微视频、微电影"大赛、巡回演讲、模拟法庭、宣传汇演等多种活动方式,广泛利用传统媒体和新媒体,充分发挥电视、网络、手机终端、街头电子屏等平台作用,以律师讲法、以案说法、现身说法等栏目形式,通过真实生动的法治故事透视现象、评说法理、弘扬法治,在全市掀起了"讲好新时代徐

法治文化小区

州法治故事"活动热潮。

二是大力推进法治文化小区建设。围绕"德法同行、构建和谐小区"这一主题,由县(市)区依法治理领导小组办公室牵头组织,相关单位参加建设,依托各镇(街道)、居委会、小区物业公司进行综合管理。通过建设法治文化小区,拓展法治文化传播渠道,将法治文化融入居民生活之中,让群众在潜移默化中受到法治教育。

三是开展"法律管家助力中小企业发展"活动。构建中小企业法律服务平台,整合法律服务资源,为中小企业特别是民营企业,提供一体化、专业化、协同化和找得到、用得上、有保障的法律服务。邳州、鼓楼等地因地制宜,通过"法律管家"系列活动,解决中小企业存在的共性问题和个性需求,为企业防控风险、依法经营提供支持与保障,已经取得初步成效。

政法机关服务保障民营企业座谈会

(中共徐州市委全面依法治市委员会办公室　供稿)

2018年法治常州发展报告

2018年,常州市认真贯彻中央和省、市委关于法治建设的决策部署,围绕"让法治成为常州竞争力的核心标志"目标,着力推进科学立法、严格执法、公正司法、全民守法等各项重点工作,扎实推动区域法治化进程,全社会尊法学法守法用法的氛围日趋浓厚,为"种好幸福树、建好明星城"提供了坚实的法治保障。

一、紧扣责任落实,完善推进机制

一是服务发展能动有为。市依法治市办出台《2018年法治常州建设工作要点》,将服务"六个高质量发展"作为法治建设的首要任务来抓,市委政法委制定《关于在全市政法机关服务保障高质量发展走在前列的实施意见》,引导各地各部门切实发挥职能作用,以法治思维和法治方式服务保障市委市政府中心工作。市依法治市办会同市经信委、市律师协会,深入20余家规模以上企业了解法律需求,提供菜单式服务。政法机关相继制定服务保障市委"六大行动"、服务保障企业发展和园区建设等一系列意见,毫不动摇支持民营经济和中小企业发展,主动回应市场主体司法需求，市中级法院开展为期3个月的涉民营企业债权专项执行活动，市检察院突出惩治非法吸收公众存款、集资诈骗、传销等涉众型经济犯罪，市公安局建立服务企业"挂钩联系、扎口管理、内外协作、联席会议、督导检查、满意测评"等六项制度。搭建"非公经济法治护航中心""小微企业法律风险防范中心"等平台，为企业提供及时高效便捷的法律服务。

打造非公经济法治护航中心

二是主体责任压紧压实。 深入贯彻落实中共中央办公厅、国务院办公厅《党政主要负责人履行推进法治建设第一责任人职责规定》和省实施办法，市委市政府与各地各部门主要领导逐一签订法治建设责任书，并将"党政主要负责人履行推进法治建设第一责任人职责情况"纳入全市八个重点督查项目之一，就存在不足和整改建议形成了督查通报。将法治建设领导责任制落实情况纳入市委市政府绩效管理考核和优化政治生态考评体系，作为衡量各地各部门领导班子工作绩效的重要指标。举办市委中心组

法治建设第一责任人履职情况督查

学法报告会，行政机关负责人积极履行行政诉讼出庭应诉法定职责，出庭应诉率达 94.8%。

三是组织推动有力有序。 积极构建党委统一领导，市依法治市办牵头协调，各方齐抓共建，社会广泛参与的法治建设工作格局，市委常委会 6 次听取法治建设以及人大、政府、政协、法院、检察院党组工作汇报，及时研究解决法治建设中的重大问题。贯彻落实市委全面依法治市实施意见，将法治常州建设纳入全市经济和社会发展总体规划、市委常委会和全面深化改革领导小组工作要点、创新社会治理重点项目，与各项工作同步谋划部署，同步推进实施，同步督查考核。对法治建设特色亮点工作实施"以奖代补"，各地各部门推进法治建设的积极性、主动性和创造性得到进一步激发。坚持每季度召开法治建设例会，项目化推进重点工作，及时总结经验做法，列出问题清单，明确整改措施。

二、紧扣权力制约，深化法治实践

一是稳步推进地方立法。制定《常州市公共汽车客运条例》《常州市住宅物业管理条例》2部地方性法规，住宅物业管理条例被省人大常委会法工委确定为2018年设区市立法精品示范法规。出台《常州市禽类交易管理办法》《常州市寄递安全管理办法》《常州市生活垃圾分类管理办法》等3部政府规章。强化人大在立法中的主导作用，建立健全立法多方联动、调研论证、协调协商等机制，广泛邀请人大代表、政协委员、行业领域专家参与立法，切实提升立法的科学性、民主性和可操作性。

二是深入推进严格执法。深化"放管服"改革，在全省率先实现工商登记和不动产登记"一城通办"，外资登记"一窗一表"模式被商务部向全国推广。扎实推动重大行政决策规范化管理，起草《重大行政决策目录管理办法》《市政府重大行政决策程序规定》，全力规范重大行政决策程序。深化区域综合执法改革试点，全面推行行政执法公示、执法全过程记录、重大执法决定法制审核三项制度，有序推进行政复议决定书网上公开。开展证明事项专项清理，取消市级证明事项131项。编写行政败诉案例选编，作为市政府常务会议学法手册和行政执法人员培训材料。连续第二年委托中国政法大学开展法治政府建设第三方评估，为政府法治建设"问诊把脉"。

三是着力推进公正司法。市人大常委会在全市开展五级人大代表"听百案、议百事、评百员"活动，促进司法公开和执法规范化建设。深化案件繁简分流，完善案件分类甄别机制，促进速裁案件分流标准规范化，健全完善审判权运行机制。推进检察长列席审委会制度，入额院领导带头办理案件，充分发挥检察机关审前程序主导作用以及指控、证明犯罪的主体作用，对重大疑难复杂案件提前介入，发表侦查指导意见。公安机关建立"三会一室一中心"执法管理架构，全面推进市、县两级案管中心和基层派出所案管室建设，实现对警情、案件、办案场所、涉案财物和案件卷宗的全流程、闭环式管控。依法开展扫黑除恶专项斗争，市委市政府召开动员部署会，对黑恶势力犯罪案件进行了集中宣判，召开了新闻发布会。召开全市决胜"基本解决执行难"攻坚决战推进会，开展集中执行行动91次，25名拒不执行判决、裁定的被告人被追究刑事责任，切实保障申请人合法权益，维护司法权威。

召开扫黑除恶专项斗争情况新闻发布会

三、紧扣为民惠民，持续创新创优

一是法治文化创特色。在全省率先召开"七五"普法中期推进部署会，制定分解104项考核细则，组织"七五"普法中期考

市级机关万人学法考法竞赛

评。深入开展法治宣传教育，在全省率先开展普法责任制落实情况专项评议并评选首届"谁执法谁普法"先进单位30个，组织开展市级机关万名党员干部学法考法系列活动。制定公益媒体普法和深化法治文化建设实施意见，举办"宪法之光"首届法治文化节，成立宪法宣传动漫微电影创作工作室，打造普法主平台"法治大讲堂"，史良故居法治文化馆建成开馆，编印出版《新编常州法学名家》，"阿汤哥说防范""民警李建国"普法微视频获中央政法委官媒点赞。溧阳市"百姓议事堂"、天宁区"社区管家"等基层民主法治建设经验被《人民日报》专题报道，全市新增3个国家级民主法治示范村（社区），创成省级法治文化建设示范点7个，1016个村（居）建成"法治书屋"。

二是县域法治创品牌。 牢固树立品牌意识，典型引路，示范推进，鼓励基层实施法治微创新，各辖市区探索形成了一批新做法新经验。溧阳市成立防范企业刑事风险法律志愿团，依托全国

141

举办"宪法之光"法治文化节

首家企业刑事风险防范中心,为企业法人"量身健康体检,预防刑事风险",《检察日报》头版报道。金坛区东城街道华胜社区推行"三爱共治",组建"红色帮帮团"和"我爱我家"义工巡逻队,引导居民从爱家、爱社区到积极关爱他人,居民们逐渐由"要我参与"变成"我要参与",社区自治管理法治化水平不断提升。武进区构建"4+1+1"(4类考核细则、1份责任书、1份个性化任务清单)考核机制,出台考核标准,将70个区级机关部门分为党群、行政、司法信访、垂直4类,既有共性任务,又有"个性化任务清单",法治考评的针对性、科学性进一步增强。新北区围绕"提升法治建设满意度",通过进村入户走访、问卷调查、网络测评、工作调研等多种形式查找问题短板,提出相应的整改提升措施,形成专题报告。天宁区制定实施意见,全面推行法律顾问和公职律师公司律师制度,区委配备18名法律顾问和专家库成员,镇(街道)普遍配有法律顾问,重点部门成立了法律咨询团。钟楼区检察院在全省首创刑事见证人社会化参与工作机制，规范侦查取证活动，保障程序正义，获得省检察院肯定，《江苏政法》法治建设专刊总结推广。

三是法治惠民创佳绩。印发《关于组织实施2018年法治为民办实事项目的通知》，秉持分类实施的工作思路，召开法治建设满意度情况分析会，在确保省规定动作不走样的基础上，坚持问需于民，发动各地各部门广泛征集人民群众最想解决的法治难题，项目化推进实施了20多项具有广泛社会影响并深受人民群众欢迎的法治实事项目，人民群众对法治建设的获得感、幸福感、满意度不断增强。在省依法治省办通报表扬的首批全省优秀法治实事项目和提名奖中，全市5个项目获奖，获奖等次和数目在地级市中名列前茅。

（中共常州市委全面依法治市委员会办公室　供稿）

2018年法治苏州发展报告

2018年，苏州市以习近平总书记全面依法治国新理念新思想新战略为指导，紧紧围绕苏州经济社会高质量发展大局，以建设法治型党组织为引领，深入推进科学立法、严格执法、公正司法、全民守法，践行让法治成为苏州核心竞争力的重要标志的目标，为全市经济社会改革发展稳定营造了良好的法治环境。

一、夯实法治建设责任有新提升

一是制定责任清单。结合全市实际，印发了《落实党政主要负责人履行推进法治建设第一责任人职责考核办法（试行）》，明确各级党委政府主要负责人、党委政府工作部门主要负责人在推进法治建设中第一责任人的定位及主要职责，细化列明责任清单，党委主要负责人职责共16条，政府主要负责人职责共20条。

二是细化分解任务。将《2018年法治苏州建设工作要点》明确的53项任务完成情况纳入年度绩效考核，明确了各项具体工作任务的牵头单位、参与单位和推进时序进度。

三是定期研判督查。每季度召开全市法治办主任工作例会，回顾前阶段工作，部署下阶段重点工作。各级法治办定期专项督导法治建设工作，保证任务完成质效。

二、科学民主依法立法有新提高

一是关注民生立法。 2018年度全市共制定《苏州市出租房屋居住安全管理条例》，修改《苏州市节约用水条例》《苏州市房屋使用安全管理条例》《苏州市养犬管理条例》等5件地方性法规；集中清理修改《苏州市禁止猎捕陆生野生动物条例》等5件地方性法规和废止《苏州市航道管理条例》1件地方性法规。

二是推动民主立法。 在省内率先出台了《苏州市人民代表大会常务委员会立法协商工作办法》。根据《苏州市人民代表大会常务委员会关于修改〈苏州市人民代表大会常务委员会讨论、决定重大事项的规定〉的规定》，确定20个镇（街道）为市人大基层

苏州市委理论学习中心组召开专题学习会，省委常委、苏州市委书记周乃翔带领中心组成员集体参观市宪法宣传教育馆

立法联系点，已达到横向覆盖全市、纵向深入乡镇的要求。

三是提升科学立法。注重发挥人大立法主导作用，按照地方立法常规工作程序规范，积极开展立法调研座谈，结合相关媒体全程同步公开立法信息，公开征求意见，积极开展专题论证、专家咨询及社会风险评估，除此之外还创新举措，综合运用科学民主立法新手段，通过首次举行网络图文现场直播立法听证会等"六个首次"，积极探索人大主导立法新机制，拓宽科学民主立法渠道。

三、法治政府建设成效有新进展

一是强化法治政府建设的组织部署。开展对《苏州市法治政府建设2016—2020年规划》的中期评估工作，通过引入第三方评估机制对法治政府建设情况进行"回头看"。各级党委、政府及部门全面落实政府法律顾问制度，建立政府法律顾问考核评价机制，充分发挥政府法律顾问专业优势。苏州市在《2018年中国法治政府评估报告》100个参评城市中排第4位，在参评地级市中排名第一。

二是扎实推进法治政府责任制建设。出台《加强镇政府、街道办事处政府法治工作人员履职能力建设的意见》，强化基层政府法治工作人员履职能力建设。在全省率先实现各地各部门政府门户网站全面建成法治政府建设专栏，着力提升依法行政工作的社会宣传力度。

三是推进行政执法体制改革。积极推动综合行政执法，进一步完善市县两级执法管理。继续深化市本级在市场监管、安全生产、商务领域的综合执法，推进其他领域综合执法。积极拓展镇域（街道）相对集中行政处罚权工作区域，深入开展重点领域相对集中行政处罚权工作。

四是推进"放管服"改革优化营商环境。加大放权力度,除根据有关文件规定需保留行使的权力事项外,均下放至各市(区)主管部门行使。落实"证照分离"改革试点工作任务,扎实推进政务服务"一张网"建设。印发《关于进一步优化营商环境打造良好创新生态行动方案》,推动全市经济高质量发展。

四、司法为民公正司法有新进展

一是强化扫黑除恶专项斗争。全市共打掉黑社会性质组织4个,摧毁恶势力犯罪集团23个,成功查处并宣判常熟一起黑社会性质组织犯罪案,成为扫黑除恶专项斗争以来全省首例查处并判决的涉黑案件。

二是深化司法体制改革。完善司法人员分类管理改革,开展员额法官增补遴选工作,首次从法官助理中直接遴选35名员额法官。完善检察权运行机制,完成基层检察院内设机构改革,将

2018年4月,全国首家法院派驻市场监管部门巡回审判点在苏州太仓挂牌

原有科室改为大部制,实行扁平化、专业化管理。全面推行"捕诉合一"改革,强化专业化办案组建设。

三是落实司法为民举措。加强产权保护、护航长江经济带生态保护等重大战略部署,运用政治智慧和法律智慧推进司法办案,凸显司法办案社会效果。推进"执转破"工作,探索建立"执转破"案件简化审理机制。5月,省法院在苏州召开全省法院"执转破"工作现场推进会。

四是推进智能化建设。5月底,全国大数据执法办案平台(政法网)座谈会在苏州召开,中央政法委副秘书长白少康要求总结推广苏州经验,目前正推进政法跨部门业务协同平台三期项目建设。智慧法院、智慧检务、警务大脑得到进一步提升,积极运用智能辅助办案系统提高办案效率,缓解"案多人少"的现状。

五、法治文化建设有新面貌

一是全面开展宪法宣传教育。建成并启用全国首个全部以宪法为布展内容的宣传教育场馆——苏州市宪法宣传教育馆。"12·4"国家宪法日期间,全市联动开展"宪法进影院""宪法进万家"等系列活动,营造了崇尚宪法、遵守宪法、维护宪法、运用宪法的浓厚氛围。市委高度重视宪法学习宣传和贯彻实施工作,市委印发《2018年全市党委(党组)中心组学习计划》明确将宪法学习作为专题学习内容,市委理论学习中心组成员集体参观市宪法宣传教育馆。

二是健全"七五"普法机制。以尊法学法守法用法主题实践活动为主线,以融合创新为动力,落实"谁执法谁普法"普法责任制,推动工作目标精准化、普法举措项目化、考核评估体系化、基础建设专业化,高质量推进法治苏州建设。

三是弘扬法治精神推进法治文化。 启动第四届苏州法治文化节，开展"以案释法"案例征集暨巡回宣讲、法治文学原创作品大赛等群众性法治文化活动，推动法治文化活动与文明创建融合共进。实施"全媒体广覆盖"行动，全市300余家大众传媒、46家普法联盟单位在第一时间开辟宪法宣传栏目，举办"抖音"新媒体普法短视频挑战赛、宪法宣传骑行活动。在全市2055个村（社区）建立"法润民生微信群"，定期推送普法资讯，解答法律问题，构建指尖上的法治宣传和法律服务。

苏州法治步栈道雕塑

六、基层民主法治建设有新成效

一是推动基层系列创建。围绕法治城市创建目标，深入推动基层民主法治建设，从国家、省级民主法治示范村（社区）入手，对全市范围内的示范单位抽样进行复核审查，严格按照《江苏省民主法治示范村（社区）动态管理办法》，突出检查"四民主两公开"、法治建设实施情况以及公共法律服务保障情况，科学测评村（居）民法治满意度，对不符合条件的单位提出意见建议，并严格要求其限期整改。

二是加强基层治理研讨。会同苏州大学法学院开展"法治成为苏州核心竞争力的重要标志"探索研究，形成《法治成为苏州核心竞争力的重要标志研究》一书，分析研究了法治作为核心竞争力的优势、表现、路径和重点工作。组织开展自治、法治、德治"三位一体"的乡村治理体系讨论和实践，持续推动社会治理制度化、规范化、法治化。张家港市"社区协商——基层治理法治化的新探索"项目高票获得"中国法治政府奖"，成为荣获第四届"中国法治政府奖"的唯一县级市。

三是深化法治型党组织建设。2018年是《苏州市法治型党组织建设三年行动计划（2017—2019年）》的对标实践年，进一步要求各级党组织首先做到依法执政、依规管党，使法治成为苏州核心竞争力的重要标志、苏州人生活方式的重要内容、苏州文化精神的重要特色、苏州和谐善治的重要依托。

七、法治实事惠民有新成绩

一是项目助推法治。按照推动人民生活更加幸福的要求，深入开展惩戒"老赖"全民行动，加强品牌保护保障品质生活，"你

苏州部署开展"你点我查,眼见为食"食品安全透明执法行动

点我查,眼见为食"食品安全透明执法专项行动等12项市级项目的第十轮关爱民生法治行活动。在推进过程中,全市上下努力做到同部署、同检查、同评估,做到市、县(区)、镇(街道)三级联动。

二是完善推进机制。结合本地、本单位实际,从法治建设满意度测评反馈中,从人大代表、政协委员议案、提案、建议案中,从"六个一"大走访活动中,汇总梳理群众反映强烈的突出问题和合理诉求,紧扣民生法治,精准立项,不断提升公众对法治建设的满意度,更好满足人民群众美好生活需要。

三是开展督查活动。对法治惠民工作半年度开展情况进行全面调研评估,分析存在问题,研究推进举措。在全市评出15个2018年"关爱民生法治行"优秀项目,5个"关爱民生法治行"优秀项目提名奖。

(中共苏州市委全面依法治市委员会办公室　供稿)

2018年法治南通发展报告

2018年,南通市全面贯彻落实党的十九大、中央全面依法治国委员会第一次会议精神及省、市重大决策部署,牢牢把握"法治是建设新南通的核心竞争力"这条主线,党政主要负责人带头履行法治建设工作责任,进一步深化法治政府、公正司法、基层基础、法治文化和法治惠民等重点任务,主动服务高质量发展大局,为全市争当"一个龙头、三个先锋"提供了坚实的法治保障。

一、围绕关键少数,一手抓责任落实,一手抓能力提升

一是构建法治建设领导责任体系。深入贯彻《党政主要负责人履行推进法治建设第一责任人职责规定》,进一步健全法治建设领导责任制"五进"责任体系。进一步优化各县(市、区)、各部门绩效考核实施办法,为列入市级机关作风建设考评的102家市级机关"量身定制"法治责任书。进一步规范领导干部述法制度,按照"法定职责、执法依据、执法实效"三必述原则,统一述法模板,将履行推进法治建设职责情况列入各级党政负责人年终

述职内容。

二是推动领导干部法治能力提升。大力推进"百名专家千场报告会",全市举办法治报告会700多场。邀请宪法专家为市委中心组成员解读习近平总书记在中央全面依法治国委员会第一次会议上重要讲话精神,对1536名市管干部进行宪法学习专题辅导。编发《法治建设领导责任制100问》和《基层法治建设工作100问》口袋书2.5万本,成功举办第三期法治建设专题培训班,全市269名法治建设分管领导全部轮训完毕。严格落实行政机关负责人出庭应诉定期通告、分析研判、督查督办、考核评比、监督问责等各项制度,常态化开展"千名领导干部观百庭"等系列活动,市县两级组织1100多名领导干部观摩30多场典型行政诉讼案件庭审。2018年全市行政机关负责人出庭应诉率达97.4%,19名"一把手"出庭应诉,海安市于立忠市长成为该市出庭应诉的第五任行政首长。

市级机关个性化平安法治建设责任书和双100问口袋书

2018 法治江苏建设2018年发展报告

海安市长于立忠出庭应诉

二、围绕地方立法，一手抓民主立法，一手抓科学立法

一是以扩大立法民主为基础。坚持开门立法，倾听群众呼声，拓展社会公众参与地方立法平台，通过多种形式广泛听取立法项目建议。建立立法意见征集和地方性法规草案意见征集系统，设立12个基层立法联系点，向500多名市人大代表发送条例草案广泛征求意见。在《南通日报》、"濠滨论坛"等媒体开辟专栏，公开法规草案文本、立法背景、立法过程等，让公众可以零距离了解、参与地方立法工作。

二是坚持以提高立法质量为核心。加快推进立法实践，全面规范立法公开、立法论证听证、立法后评估等10项机制，确保科学、精准、管用。省十三届人大常委会第六次会议批准通过《南通市烟花爆竹燃放管理条例》，该《条例》共二十条，成为南通创新思路、探索地方立法"小而精"的典型代表。《南通市畜禽养殖污染防治条例（草案）》提交市人大常委会初次审议，力求从根本上解决畜禽污染防治和综合利用的难题。

三、围绕依法行政，一手抓深化改革，一手抓规范执法

一是持续推动各项改革。深化"放管服"改革，在全省率先对"奇葩证明"出手，公布《南通市本级设定证明事项取消清单》，取消12个市级部门64项证明事项。依法审定并公布市本级行政许可事项正面清单，保留30家市级部门实施许可事项230项。深入推进商事制度改革，全面实行企业设立"单一窗口"和"证照联办"制度，企业设立登记时间压缩到3个工作日内，注册登记效率提升60%以上。深入推进建设项目审批改革，精简建设项目审批环节660个，一般工业项目审批实现从立项到施工许可50个工作日内办结。

二是大力坚持规范执法。深化食品药品安全、环境保护、城市管理等执法改革，强化公安、检察和行政执法机关"两法衔接"案件移送、刑事追责联动机制。积极探索重点街道综合执法，曲塘、洋口、川姜三镇跻身全省新一轮改革试点。召开全市"三项制度"试点工作推进会，三项制度实现市县两级联动，多范围、全领域推进。加强对行政执法人员资格的动态管理，严格落实执法人员资格考试发证、持证上岗制度。

四、围绕公平正义，一手抓司法改革，一手抓质效提升

一是积极落实司法改革举措。推进环境资源案件和行政案件

集中管辖改革，将一审环境资源案件和行政案件分别集中至如皋法院、开发区法院管辖，设立专业巡回法庭，建立以长江南通段及其支流水域为主体、辐射全市生态保护的司法保护新格局。最高人民法院第十二期"决胜执行难"全媒体直播聚焦南通，1500万网友观看在线直播。推进检察系统内设机构改革，一线办案人员占全员的80%以上。全面加大检察公益诉讼办案力度，立案460件，履行诉前程序223件，向法院提出民事公益诉讼29件，审结15件，为提升民生福祉和改善生态质量保驾护航。

二是大力提升执法司法质效。完善轻微刑事案件简易程序审理机制和民事案件小额速裁机制，扩大行政案件简易程序适用范围，全市法院一审简易程序适用率77.06%。建立虚假诉讼办案组等17个新型办案团队和金融网络犯罪检察部等5个专业化办案机构，推动案件繁简分流、简案快办、繁案精办。深入推进集中整治非法集资"扫雷"攻坚行动，立案69件，抓获嫌疑人88人。

南通市委常委、政法委书记姜永华调研市法治宣传教育中心

全市刑事、侵财案件发案数同比分别下降3.4%、4.4%，16起命案全破。

五、围绕法治宣传，一手抓资源整合，一手抓氛围营造

一是充分整合法治宣传力量。 落实《南通市"谁执法谁普法"工作考核办法》，制定各部门普法任务清单，清单执行情况纳入综合绩效、法治建设等考核体系。配齐配强法治宣传主管部门专职人员、各领域各行业联络员，形成上下联系、左右互通的普法组织网络。动员社会力量参与普法，成立南通市法博士法治宣传中心、海安尚法剧社、如东赵家剧院、启东沙地普法名嘴等普法社会组织70余个，定期开展"送法惠民""法治文化基层行"等系列普法活动50余场。崇川区率先成立法律专家诊所，被确定为省社会普法组织建设试点单位，"民主法制·南通法律专家诊所"工作经验在全国法学会工作会议推广。市法学会作为省内唯一代表荣获全国法学会系统先进集体。

二是努力营造全社会法治氛围。 将宪法宣传作为全年普法工作的重点，组建机关宪法巡讲团，开展宣讲66场。深化崇德少年法学苑建设，将校园教育与法治实践有机结合，开展模拟法庭、案例分析等活动230场。开展"送法进企走帮服"活动，着力升级电视台、电台、《南通崇法》特刊和邮路、烟路、盐路"三法三路"普法平台，发放《崇法报》《法润江海报》40余万份。落实《法治文化阵地建设标准》，兴建和提档一批法治文化阵地，全市新增省级法治文化建设示范点7个。围绕"弘扬宪法精神 共建法治南通"主题，举办南通市第四届法治文化节，开展宪法宣誓等法治文化活动11项70余场次，有效扩大了社会影响。

举办南通市第四届法治文化节

六、围绕群众需求，一手抓基层基础，一手抓惠民实事

一是法治建设基层基础不断夯实。 围绕法治城市创建工作目标，全面深化法治系列创建，在县级层面，9个县（市）区全部获得省法治县（市）区创建先进集体称号，如皋、海安、海门三市获得省创建示范县（市）区称号，全国先进达到6家，实现"满堂红"；在机关层面，全市65家法治型机关开展争当"法治型机关示范单位"活动，争先氛围浓厚；在行业层面，诚信守法企业、依法治校示范校、法治医院、诚信法治市场"四大板块"创建全面推进，覆盖全市800家应税销售亿元以上企业、553家中小学、49家二甲以上医院、381家农贸及商品交易市场，打造了一批特色品牌。

二是法治惠民实事项目成效明显。 深入推进道赔案件"网上

南通工业博览城诚信法治市场创建

数据一体化处理"改革，全市基层法院实现一体化处理系统全覆盖，6家基层法院实体入驻交警事故处理中心。升级改造市县两级检察院12309检察服务中心网络平台，公开重要案件信息、法律文书，受理人民群众控告、申诉事项，受理案件程序性信息查询、辩护与代理预约、国家赔偿、国家司法救助等事项。组织开展"法律服务进国企"、律师走进"淘宝城"等活动，为2176家企业提供"法律体检"服务。率先完成12348南通法网部署并全面上线运行，在线解答法律咨询1000多件，在线办理公证、法律援助等业务600余件。将法律援助服务列入市政府为民办实事工程，出台《南通市完善法律援助制度的实施办法》，开全国先河将行政诉讼纳入法律援助范围。优化不动产登记"一窗受理、集成服务"模式，开通网上预约受理、进度查询服务及不动产"线上登记"模式，实现"外网申请、内网审核、现场核对、即时领证"。

（中共南通市委全面依法治市委员会办公室　供稿）

2018年法治连云港发展报告

2018年，连云港市认真贯彻落实习近平新时代中国特色社会主义思想，按照中央和省、市委的部署要求，按照"围绕一个核心，贯彻两大要求，提升三项指标，推进四项工程，实现五个目标"工作思路，全面推进法治建设再上新台阶。

一、聚焦"核心竞争力"，让法治建设有高度

按照市委市政府关于"让法治成为连云港跨越发展的核心竞争力"的要求，规划布局法治连云港建设。

一是地方立法高质量。根据立法需求变化，认真组织好2018年度立法计划的实施工作，制定《连云港市公众参与政府立法办法》，完成《文明行为促进条例》和《集中式饮用水水源保护条例》两部地方性法规的起草、审议和报批工作。在全市市级行政执法机关中推行行政执法公示制度、执法全过程记录制度、重大执法决定法制审核"三项制度"。该市被确定为全省重大行政决策规范化管理试点城市。

二是司法改革高标准。在推进内设机构改革等综合配套改革

的基础上鼓励"微改革、大创新",推动重点工作创特色、创品牌。创新国际执法安全合作机制,被授予全国首个国际执法合作工作示范点;"筋斗云"搜索系统获评中国智慧公安创新驱动示范项目,"全方位无人机防御雷达"获全国公安基层技术革新一等奖,"数据建模"获全国公安情报部门竞赛一等奖。在全省率先试点环境资源案件集中管辖和"三审合一"机制改革,形成了"连云港模式",被评为"全省法治惠民优秀实事项目"。

三是护航发展高能量。在全市组织实施"护航发展、法治同心"工程,制定下发《全市法治护航"高质发展、后发先至"三年行动计划》,推进落实法律顾问、法律体检、法治护企、法治护绿等四大行动计划16项具体举措,全力服务跨越发展。建立政法干部挂钩联系重点企业长效机制,新建"驻企警务室""检察工作站""法律工作室"62个。健全经济案件执法司法工作机制,依法打击侵犯企业权益经济犯罪案件。

推进依法治市创建最安全城市誓师大会

二、聚焦"最安全城市",让法治建设有深度

根据市委市政府建设"最安全城市"的目标要求,坚持以"最优的法治环境"保障"最安全城市"建设。

一是以公平正义保安全。在全市组织实施"守护天平、法治同向"工程。探索建立海外利益安全保护工作机制,为全市企业、机构、项目和公民"走出去"提供有力的境外安全保障。召开全市预防化解行政争议工作推进会,推进行政诉讼出庭应诉、行政争议化解工作;对全市行政机关负责人行政诉讼案件情况进行通报。全市行政首长出庭应诉率全省领先。最高人民法院挂网督办案件办结率100%。市检察院在全省率先出台询案问责制度,在全省率先基本完成积案清理工作任务,新增积案保持零记录。

二是以法治创建保安全。组织实施法治强基工程,持续推进六大法治创建活动。先后9次召开县区和机关法治建设现场会,坚持以系列法治创建维护最文明、最安全的秩序。组织开展"民

正义联盟在行动

主法治示范村（社区）""法治文化示范点"双示范创建，全市共创建国家级"民主法治示范村（社区）"10个，省级695个，省级"民主法治示范村（社区）"创建率达46%；创建38个省级"法治文化示范点"、98个市级"法治文化示范点"。组织开展"德法涵养文明·共建法治校园"创建活动，推动法进校园、法护校园。

三是以依法治理保安全。以市委市政府名义出台《关于在全市推广"一委三会"社区治理模式的意见》文件，召开全市"一委三会"现场推进会，开展全市大督查活动。全市1684个城乡社区均已推广"一委三会"社区治理模式，推广率达100%。全市"一委三会"社区治理模式被评为"全省法治惠民优秀实事项目"。

连云港政法新闻发布会

三、聚焦"群众满意度"，让法治建设有温度

时刻关注人民群众日益增长的美好生活需要，全面发挥法治

保障与守护功能，大力推进法治惠民，全面提升法治建设满意度。

一是法治宣传"全覆盖"。组织实施"法润港城、法治同行"工程，市委市政府召开工作推进会议，认真落实"谁执法谁普法"普法责任制，海州区上报为全国"七五"普法依法治理工作联系点候选单位。推进"法护人生""法进家庭""法润村居"三大行动。开展"我为新宪法点赞"作品征集、"宪法在我心中"征文及演讲比赛等系列主题活动，推进"猴娃进万家"，《猴娃说宪法》在司法部、全国普法办主办的"我与宪法"优秀微视频作品征集展播活动中荣获二等奖。

二是法治服务"零距离"。推进基层法律服务平台建设，深化诉讼服务中心、检察为民服务中心、法律服务中心等窗口建设；加强"微政法""微法律顾问""微警务""微检务""微法院"集群建设，确保服务"零距离"。推进村（社区）法律顾问全覆盖工程，50%以上的村居建成标准化"法律诊所"，全市建立了1662个"法

宪法晨读活动

润民生微信群",24小时为村(居)民贴身服务。海州区推行村(社区)"法律诊所"标准化建设被评为"全省法治惠民优秀实事项目"。

三是法治助困"解民忧"。在全市成立"法务协同中心",强化法律扶贫济困功能。健全依法申请法律援助工作机制,推进法律助困工作。全面推进"法治惠民实事"工程,重点办好法律援助惠民"阳光计划"、平安"天眼工程"、12349民生服务热线等"法治惠民十件实事"。在市电台"行风热线"专栏开辟《以案说法》栏目,每周一期,着重解决法律热点难点问题。开展"法治护薪"行动,帮助1321名农民工追回被拖欠工资3280万元。

四、聚焦"最美法治人",让法治建设有亮度

围绕全市"强化忠诚担当、践行公平正义"主题教育活动、执法司法"十大"典型案例和"感动港城十大最美政法干警"评选活

真情与正义——连云港市法律援助报告会

动,大力营造学习先进、赶超先进的氛围,全力树好法治人形象。

一是建好"普法人才库"。在全市建立"普法人才库",吸纳普法专家、民间艺人、草根明星等普法人才近万名,专兼职普法队伍数百支,为普法工作提供了人才保障。从法官、检察官、行政执法人员、律师中选拔业务骨干,成立"以案释法"讲师团。成立市普法志愿者大队,县区分别成立普法志愿者支队,乡镇(街道)分别建立普法志愿者服务点,形成以支队为总揽、大队为支撑、服务点为平台的全覆盖网格体系。

二是推进"法治达人秀"。培育和扶持法治"草根"团体,组建"德法同行"志愿者协会、"流动红影院"普法宣传队、"镜花缘"法治文艺演出队、鸿岚法治文化作品创作团队等各具特色的普法社会组织,推出剪纸非遗传承人王维良等一批"法治建设达人",被中央电视台《新闻联播》栏目专题报道。

三是打造"法治先锋队"。开展全市"十大法治人物(事件)"

连云港政法法治服务保障民营企业座谈会

评选活动；推进全市首批"法治型"机关、"法治型"乡镇、优秀法治人物评选活动，大力推进有影响力的典型人物和团队建设。积极推进法治文化研讨创品牌，《赣榆新乡贤助推乡村依法治理》等5篇论文在全省获奖；《党建引领自治，法治为本共建，奋力开创城乡社区治理新局面》调研报告获评省优秀调研报告。

（中共连云港市委全面依法治市委员会办公室　供稿）

2018年法治淮安发展报告

2018年，淮安市以习近平新时代中国特色社会主义思想为指导，主动适应全面依法治国新要求，立足本地实际，积极主动作为，法治建设取得了明显成效。

一、强化组织保障，法治建设工作机制不断完善

严格贯彻落实《江苏省贯彻落实〈党政主要负责人履行推进法治建设第一责任人职责规定〉实施办法》文件精神，2018年初及时出台《淮安市党政主要负责人履行推进法治建设第一责任人职责考评办法》，切实加强组织领导，提高政治站位、压实责任传递。坚持以领导干部述法考评为抓手推动法治建设任务和法治建设责任的落实，联合市委组织部在全市范围开展了县处级领导班子、领导干部述法评议活动，通过召开评议会议并进行现场测评方式对62个市直单位领导班子和11个县区（含园区平台）领导班子共计667名领导干部进行述法考评及主要负责人履行推进法治建设第一责任人情况考核，并向市委市政府作出了专题书面报告。

同时，市委市政府通过与县区、市直单位签订责任状，组织召开常委会专题会议、政法工作会议、法治建设领导小组会议、重点项目推进会议、专题调研等形式进行部署推动，并明确将法治建设纳入经济社会发展规划和全市综合目标考核，列入党政"一把手工程"。编制《2018年度政法工作重点项目责任书》，明确"法治护航实体经济行动""依法管理诚信经营企业创建"等法治建设重点项目8个，将任务分解落实到具体单位、具体处室和具体人员。

市委常委、政法委书记赵洪权调研依法管理诚信
经营企业创建工作

二、立足高位谋划，地方立法工作进一步规范

始终秉持党对立法工作的统一领导，进一步健全人大主导立法工作的体制机制，积极探索符合本市经济社会发展需求和科学经营管理实际的地方立法项目，先后颁布了《周恩来纪念地保护条例》《淮安市制定地方性法规条例》《淮安市文明行为促进条

例》，坚持立法围绕市委市政府重点工作、服务中心发展大局、优化地方特色保护、满足群众生产生活需求，自2016年1月获批地方立法权以来，累计出台10部地方性法规。组织调研起草了《淮安市城市管理条例》《淮安市市容管理条例》，主动向省人大法制委提出推进科学立法意见建议，主张加强洪泽湖资源环境开发保护、强化多元化解社会矛盾、传承弘扬优秀传统文化等方面的立法，以及科学统筹省级和设区的市立法侧重点的建议等。积极开展立法项目征集和调研，全年共组织各类立法座谈会、论证会、咨询会等47场次，充分发挥专家们的"外脑"作用，为立法工作提供智力支持。

三、全面依法行政，法治政府建设深入推进

一是深入推进"放管服"改革。全面实施5张权责清单动态管理，全国首创在线数字化联合图审模式，全省首家建立投资项目区域性评估报告制度，在苏北率先成立市行政审批局。

二是健全依法行政制度体系。先后出台《重大行政决策程序规定》《关于健全人大讨论决定重大事项制度、各级政府重大决策出台前向本级人大报告的具体办法》《重大行政决策合法性审查程序规定》，充分保证了决策的科学性、民主性和合法性。

三是法律顾问制度全面落实。各县区政府和市直各部门全部聘请法律顾问，党委法律顾问工作也有效开展，组织安排市委法律顾问列席市党代会、市委全体会议、市委常委会。

四是规范行政执法。推行行政执法"三项制度"，相继出台行政执法全程记录、重大行政执法决定法制审核、行政执法公示等规定。推进综合执法改革，组建开发区、清江浦区综合行政执法局设立的农业综合执法支队。开展执法信息化建设，建立政府法

制监督"网上平台+"新模式,实施"十百千"法制监督工程,开展执法监督检查和执法案件评查等日常监督活动,加强对重点执法部门和执法个案监督,持续推进执法规范化建设。

四、深化司法改革,公正廉洁司法成效显著

党政机关和领导干部积极支持司法机关依法独立公正行使职权,支持法院裁判生效判决,市人大常委会出台《关于建立千名代表评庭审千名代表助执行"双千"机制的实施意见》,全市1674名社区(乡镇)"网格员"被聘为执行协理员。

围绕司法责任制,法检两院积极探索有进有出的员额常态化管理机制,积极加强司法人员履职保护机制,统筹推进内设机构改革、员额管理、绩效考核等工作。市法院修订完善《法官助理管理规定》,将法官助理全部编入办案团队,实质化推进院庭长办案工作,科学设定最低办案数,每季度通报办案情况。市检察

行政案件庭审直播

院突出检察官办案主体地位，坚持"谁办案谁负责、谁决定谁负责""应放尽放、充分放权"原则，充分赋予检察官实体决定权，并研究制定不同部门检察辅助人员职责说明书，建立完善检察办案组织设置办法。市检察院、市公安局与市监委分别联合出台《淮安市监察机关和公安机关办理职务违法犯罪案件加强协作配合办发（试行）》《淮安市监察机关和检察机关办理职务违法犯罪案件加强协作配合办法（试行）》。

强力推进裁判文书上网和案件庭审直播，全市法院在"中国裁判文书网"公开裁判文书82335份，在"中国庭审公开网"直播庭审15915件，市中院5名法官个人直播数排名全省前三十。

检察机关以《人民检察院案件质量评查工作规定（试行）》为依据，依托检察业务统一应用系统和案管大数据监督管理平台，实现案件质量评查工作标准化、开展常态化、评查办案化，共监控并督促整改问题283条，评查案件1581件。

五、注重创新传承，法治宣传工作呈现新面貌

该市以"七五"中期迎检为契机，创新形式开展法治宣传教育，推进法治宣传教育工作再上新台阶。推动落实《关于加强领导干部法治教育的意见》，组织37名非人大任命县处级领导干部参加任前法律知识考试，组织全市88650名机关干部参加第六届全省万人学法竞赛，组织开展全市县处级干部述法活动及"万名机关干部旁听庭审"活动，切实提高普法的针对性和实效性。

严格落实《关于建立以案释法制度的实施意见》，实现"谁执法谁普法"责任制落实率100%，市法院出台《法官以案释法实施细则》，充分发挥"百群万家智慧法务"法律顾问微信群的作用，向全市1656个村（社区）精准推送相关法律法规和典型案例。中

小学课堂普遍开设《道德与法治》课程，全市中小学100%配齐法治副校长（辅导员），开讲"法治第一课"。全市建有市青少年法治教育基地、洪泽区"紫藤成长驿站"等青少年法治教育基地10个。

举办第十二届农民工学法活动周文艺演出暨法律咨询活动，吸引了5000余名求职者参与，组织开展"法润淮安 情系民工"系列活动，累计接受咨询2000余人次，送出法治宣传品和资料20000余份。市、县（区）法治文化阵地100%覆盖，乡镇（街道）、村（社区）法治文化阵地建成率90%以上，建成省级法治文化示范点36个、市级示范点54个，建成市县两级法治宣教中心5个。积极引导农民书画、剪纸等地方文艺特色与法治元素的融合，组建了以刘老庄农民书画社、盱眙县黄梅普法团、清江浦区德法联谊社、洪泽区袁志西法治文艺演出队为代表的法治文艺团体71个，深入开展"黄梅普法""村官说法""德法大舞台"等淮味普法活动。加强普法志愿者队伍建设，形成专职人员与志愿者队伍协调合作、互动发展、共享成果的工作格局。全市普法社会组织25

举办"百场法治文艺进基层"活动启动仪式

个，其中市级普法社会组织3个，各类社会组织承办大型法治宣传活动18场7000余人次，形成了社会组织参与普法调研、购买、服务和反馈的良好运行机制。

六、坚持法治引领，社会治理基础工作全面升级

积极开展城乡社区服务体系建设、推进"政社互动"、社区减负增效和"三社联动"工作，印发《关于加强和完善城乡社区治理与服务的实施意见》，实现全市100%乡镇（街道）"政社互动"全覆盖，并建立完善了"三项制度"，推行"权随责走、费随事转"占比达100%，在县区培育了11个乡镇（街道）层面"三社联动"典型，发挥了示范引领作用。积极推进"民主法治示范村（社区）"、"民主法治单位"、和谐社区等系列创建活动，2018年农村村民委员会依法自治率达到97.1%、城市居民委员会依法自治率达到97.3%，省级民主法治示范村（社区）已获批475个，创建率达42.5%。

全市社会组织发展达到省定进度，不断优化社会组织登记审批服务，完善服务流程，降低准入门槛，重点推动为老、扶残、社工、司法服务等公共服务和基层治理类社会组织较快发展。截至目前全市共登记社会组织5589个，其中社团2805个，民非2772个，基金会12个，万人拥有社会组织11.4个。

全市实现市县乡村四级调解组织全覆盖，2018年共成功调解矛盾纠纷65139件，成功率达99.97%，以"无讼村居"创建、医患纠纷调保结合模式为典型的多元化解矛盾纠纷机制在全省推广，人民调解评议庭试点组建，创新探索访调对接"点将制"，阳光信访实现8.0版升级，"淮安模式"在全国推广。公共法律服务体系进一步健全，全年市县乡公共法律服务中心建设累计投入3959万

元，在苏北率先建成市级法律援助基金会，全市法援机构今年以来已累计办理法援案件5376件，完成全年目标任务的107.5%，惠及受援群众5633人。

市法院开展"法院开放日"活动

（中共淮安市委全面依法治市委员会办公室　供稿）

2018年法治盐城发展报告

2018年，盐城市认真学习贯彻习近平新时代中国特色社会主义思想，按照市委市政府部署要求，坚持把法治建设作为全市高质量发展的重要内容和根本保障，将法治盐城建设纳入全市目标任务综合考核，做到同部署、同落实、同检查、同考核，实现法治建设与经济社会发展互促共进，法治盐城建设各项工作取得新进展、新成效。

一、组织领导有新加强

市委七届六次全会明确要求加强法治盐城建设，全面提升依法治市水平，为百姓创造和谐稳定的环境。

一是高度重视法治盐城建设。市委市政府主要领导认真履行党政主要负责人推进法治建设第一责任人职责。市委书记戴源年初到市委政法委机关调研，对法治盐城建设提出要求。市委市政府主要领导多次召开常委会、政府常务会议等听取法治盐城、法治政府建设情况汇报，研究解决推进工作中存在的具体问题。进一步落实平安法治建设专项资金，促进平安盐城、法治盐城建设。

市委中心组带头学法，市政府常务会议集中学法，党委政府法律顾问制度得到进一步加强，确保党委政府决策的全过程在法治化轨道上进行。

二是召开全市政法工作会议部署推进。围绕高质量发展要求，明确提出"争创全国法治建设先进市、争夺长安杯"目标，市委市政府与各县（市、区）、各单位主要负责人签订法治建设目标责任状。市依法治市办创新制定《盐城市法治建设工作问询制度》，对法治盐城实践进程中存在突出问题的地区和单位的负责人及时进行问询、约谈，督促问题整改。

二、服务大局有新作为

全市政法部门充分发挥法治盐城建设主力军作用，紧扣"两高"目标，围绕"三市"战略和"两海两绿"发展路径，履职尽责、主动作为。

一是服务保障高质量发展。市委政法委制定《关于全市政法机关服务保障高质量发展走在前列的实施意见》，市政法各部门结合职能，进一步细化工作方案，出台为民营经济健康发展保驾护航的一系列工作举措，积极营造公平有序的投资环境和营商环境。

二是主动策应长三角一体化发展。加强司法领域协作，上海海事法院在该市设立巡回审判基地。依法防控各类风险。对互联网金融、劳资纠纷、征地拆迁等重点领域，把案件查办和加强监管、化解风险结合起来，相关案件发案率持续下降。

三是加强生态环境司法保护。在全省率先探索建立环境行政执法与司法联动机制，市县两级法检机关在环保部门设立联络室，构建联合执法常态机制。严格执行中央环保督察交办信访问题包案制度，落实河长制要求，依法打击违法行为，服务保障生态环境高质量。

四是加强民生权益司法保护。 积极参与扶贫领域腐败和作风问题专项治理，依法严惩侵犯群众利益的违法犯罪行为。

三、科学立法有新进展

坚持科学立法、民主立法、依法立法，切实提高立法质量，确保良法善治。

一是推进重点领域立法。 围绕市委保护红色资源、传承弘扬铁军精神决策部署，制定《盐城市革命遗址和纪念设施保护条例》，以法治手段传承红色基因，弘扬铁军精神，打造盐城文化标识。围绕市委壮大做强文旅产业、打造生态旅游目的地决策部署，制定《盐城市旅游业促进条例》，促进旅游业高质量发展，建设中国生态湿地特色旅游目的地和旅游康养基地。

二是推动地方性法规贯彻实施。 召开《盐城市城乡规划条例》贯彻实施座谈会，开展实施《盐城市畜禽养殖污染防治条例》《盐城市革命遗址和纪念设施保护条例》宣传活动，举办全市地方性法规制定情况专题讲座，扩大地方立法工作社会影响。

四、法治政府建设有新突破

坚持权由法定、权依法使，着力将政府各项工作转入法治轨道。

一是深化"放管服"改革。 以推进供给侧结构性改革为主线，巩固"3550"改革成果，深化不见面审批，健全政务服务"一张网"，加快建设简约、便民、阳光、高效的服务型政府。在苏北首家推行建设项目"三测合一"。市投资建设项目领域"三书合一"和全闭环数字化"多图联审"做法被中央办公厅、国务院办公厅发文推广。

二是推进行政负责人出庭应诉。出台《关于进一步加强全市行政机关负责人出庭应诉工作的通知》，建立行政机关负责人出庭情况通报、约谈和重点管理制度，向有关县（市、区）政府、政法委和市相关部门主要负责人发法治建设工作函，点对点通报存在的问题。通过这一举措，切实增强行政机关依法行政意识和能力。1—11月份全市行政机关负责人出庭应诉率86%，比去年同期提升12个百分点。该市做法被最高法院工作简报刊发。

三是动真碰硬开展行政责任追究。市中级法院连续13年向市委市政府报送行政审判工作年报，行政执法过错责任追究形成制度化，有力地促进了依法行政。开展政务服务环境专项治理行动，着力推动审批服务标准化，解决群众办事难、办事烦、办事慢等问题，营造高效便民政务服务环境。

五、司法公信力有新提升

坚持不懈推进公正司法，努力让人民群众在每一个案件中感受到公平正义。

一是深化司法体制改革。全面落实司法责任制，推动法院、检察院内设机构改革，深入推进以审判为中心的刑事诉讼制度改革。全面推进公益诉讼。市委审议出台意见，突出监督重点，完善工作机制，2件公益诉讼案件获评"全省优秀案例"。

二是加强司法规范化建设。认真抓好中央和省委巡视反馈意见整改，即知即改、边巡边改，中央巡视组交办281件涉法涉诉信访案件全部办结，得到省委政法委充分肯定。

三是推进司法公开。加强庭审活动和裁判结果公开，增强司法透明度，定期召开新闻发布会，发布司法白皮书、典型案例等，

举办盐城市法治建设培训班

邀请人大代表、政协委员、人民监督员现场观摩庭审并参加听庭评议。积极运用新媒体、自媒体展示司法工作成效，保障案件当事人和社会公众的知情权、参与权和监督权，以看得见的方式实现公平正义。

四是加强政法队伍建设。 健全完善政治建设述职、重大事项请示报告、政治督察"三项制度"，该市这项工作受到中央政法委充分肯定。先后在市委党校举办全市政法领导干部学习贯彻习近平新时代中国特色社会主义政法思想专题研讨班、政法综治工作和法治建设骨干培训班，在全市政法系统深入开展学习《习近平新时代中国特色社会主义思想三十讲》和解放思想大讨论活动，政法队伍整体素质进一步提高。

六、全民法治信仰有新提高

坚持把培育全民法治信仰作为法治建设的先导性、基础性工作来抓，认真落实"谁执法谁普法"责任制，顺利通过省"七五"

普法中期考核验收。

一是着力抓好宪法学习宣传实施。市委中心组举行宪法专题学习报告会,邀请知名法学专家作专题辅导报告。组织开展国家宪法日、宪法宣传周、"新宪法唱响在盐阜"主题活动。"12·4"国家宪法日当日,市委主要领导亲自走上街头,宣传弘扬宪法,在全市掀起学习宣传贯彻热潮。该市学习宣传宪法的有关做法,被省委办公厅《快报》、省政府办公厅《每日要情》刊发,受到司法部肯定和推广。

二是着力抓好重点对象普法。突出领导干部"关键少数",市委组织部、市司法局对市直33名非人大任命领导干部进行任职法律知识考试,同时市县联动组织对全市5328名国家工作人员进行法律知识考试。突出青少年"关键群体",组织市县两级普法志愿者为39所高中计3.2万余名新生送去法律知识。在此基础上,市依法治市办连续三年编发《普法宣传手册》,今年重点围绕禁毒、禁赌、诚信等内容,用通俗易懂的语言向群众宣传相关法

盐城市举行国家宪法日主题宣传活动　市委书记戴源现场视察指导

律法规，取得很好效果。

三是着力抓好法治文化建设。加强法治文化设施建设，全市基本实现了市县镇村四级法治文化阵地全覆盖。推动法治文化产品创作，组织开展群众喜闻乐见的法治文化活动，坚持每月18日在市迎宾公园法治广场开展法治宣传。推动社会诚信体系建设，全市29个部门联合惩戒失信被执行人，构建"一处失信、处处受限"的失信行为惩戒机制。

四是着力抓好法治惠民工程。全力推进基本解决执行难，定期召开联席会议，健全联合惩戒机制，执结各类案件11000多起，到位金额20多亿，工作绩效居全省前列。持续推进"一村（社区）一法律顾问"等年度法治惠民实事项目，年内通过政府购买服务方式，为811个村居配备专职法律顾问，举办十佳法治惠民实事

编印发放涵盖禁毒、禁赌，惩治老赖、酒驾以及严重精神障碍患者救治救护等内容的普法宣传手册130万份

评选活动,群众对法治建设的获得感明显增强。

七、社会治理法治化有新业绩

坚持用法治精神引领社会治理,用法治思维谋划社会治理,用法治方式破解社会治理难题。

一是深入开展扫黑除恶专项斗争。 截至11月底,抓获涉黑涉恶犯罪嫌疑人1984名,破获涉黑涉恶刑事案件416件,打掉涉黑犯罪组织2个、涉恶犯罪集团28个、涉恶团伙137个,工作质效居全省前列,有关做法受到中央扫黑办充分肯定,在全省会议上作经验介绍。

二是全面推进网格化建设。 全市网格化建设工作体系基本健全,共划分网格18773个,配备专兼职网格员20647名,基础信息采集量全省领先。大丰作为省级试点地区,率先通过省考核验收。"人在网中走,事在格中办",网格化社会管理逐步转化为老百姓感受得到的现实成效。

组织开展盐城市首届十佳法治惠民实事评选活动

三是深化社会治安综合治理。大力实施立体化社会治安防控体系"四个一"工程,加强"升级版技防城""雪亮工程"建设,技防覆盖率、联网率和路面见警率进一步提高。持续深化禁毒重点整治,加强各类特殊人群服务管理,上半年全市公共安全感达97.78%,列全省第六、苏北第一。

四是推进德治法治融合。市委市政府制定出台《关于加强城乡社区治理与服务的意见》《关于进一步把社会主义核心价值观融入法治盐城建设的实施意见》,组织开展"美好生活·德法相伴"系列活动,在全省率先开展十佳"德法模范"和"崇德尚法好家庭"评选活动。先后在射阳、滨海召开基层民主法治建设现场会,总结推广自治法治德治相结合的基层社会治理经验,夯实法治盐城建设基础。

举办盐城市暨亭湖区"德法涵养文明　共建绿色社区"主题宣传活动

（中共盐城市委全面依法治市委员会办公室　供稿）

2018年法治扬州发展报告

2018年,扬州市坚持运用产品化理念,以建设"公平正义、人民满意"的法治名城为目标,聚力民意法治、经济法治、创新法治建设,法治建设各项工作取得新进展。

一、始终坚持依法执政

以党的政治建设为统领,坚定维护以习近平同志为核心的党中央权威和集中统一领导,严格执行党的政治路线、政治纪律、政治规矩,严格执行新形势下党内政治生活若干准则,制定加强各级领导班子政治建设的实施意见,坚决把党中央和省委的重大决策部署落到实处。持续推进"两学一做"学习教育常态化制度化,高标准扎实开展"不忘初心、牢记使命"主题教育活动。推行市四套班子月度重点工作会商例会化和集体调研常态化等机制。加强"三直接"操作规范执行情况监督检查,严格农村集体"三资"监管制度,扎紧扎密规范权力运行的"笼子"。市委中心组组织专题学法活动,邀请中国政法大学秦奥蕾教授等专家作专题辅导报告。

二、着力加强地方立法

坚持以人民为中心的立法理念，将立法质量放在立法工作的突出位置。树立创新、实际、治理、民意导向，强化时间服从质量观念，努力打造地方立法精品，立符合实际的法、有效管用的法、百姓拥护的法。制定《扬州市非物质文化遗产保护条例》《扬州市地方志工作管理办法》《扬州市活禽交易管理办法》。《扬州市农贸市场管理条例》进入审议阶段。扎实推进规范性文件备案审查工作，认真执行《规范性文件备案审查程序规定》，严格规范性文件的报送范围、备案程序、审查职责分工、审查方式、处理程序等。

三、不断完善依法行政

市政府常务会议专门学法10次，涵盖了安全生产法、环境保护法、招投标管理、《行政诉讼法》司法解释等内容。深化扬州经济技术开发区、江都经济开发区相对集中行政许可权试点改革工作，确保行政赋权事项准确到位，实体运作流程高效便民。聘请25名社会各界代表组成特邀行政执法监督员队伍，建立相应工作机制。精心选编行政复议典型案例，进一步宣传行政复议在化解行政争议、维护社会稳定、推进依法行政中的重要作用。加强"两法衔接"工作，及时移送涉嫌犯罪案件，避免"有案不送""以罚代刑"等问题。印发《扬州市2018年法治政府建设工作要点》，细化分解工作措施，明确工作重点。按照可量化的考核标准，出台《2018年度法治政府建设考评细则》。

四、深入推进公正司法

探索出"政法委领导、检察院主导、突出民刑协作、注重源头防范"的虚假诉讼监督模式。在全国率先出台办案指引,被最高人民检察院转发。召开扬州首届破产案件实务研讨会,成立市破产管理人协会,设立管理人报酬基金,建立破产审判"府院联动"工作机制。发布破产审判工作白皮书和十大典型案例。《刑事案件缺席审判制度研究》中标最高人民法院2018年司法研究重大课题。出台《办案人员权力清单规定》《合议庭运行规则》,修订案件质量评查办法,探索引入第三方评查机制。开展"扬州亮剑 共铸诚信"全国法院第十一期全媒体直播执行活动,央视等40余家媒体现场报道,1200余万人次在线观看。高邮法院一审、市中院二审的某染料有限公司污染环境案,位列全国法院服务保障新时代生态文明建设十大典型案例之首。出台《关于支持检察机关依法开展公益诉讼工作的通知》。深化案件评查,出台完善涉法涉诉信访工作意见,着力提升司法公信。

五、持续深化依法治理

以高标准、严要求推进扫黑除恶专项斗争,下发《实施方案》。以专项斗争为促动,全市大力加强社会治安综合治理,认真组织开展风险隐患大排查、矛盾问题大化解、突出问题大整治、社会治安大防控等百日攻坚行动,为省运动会和省园艺博览会在扬州召开创造安全有序的环境。精心打造网格化精细化社会治理公共产品。目前,全市综治、维稳、公安、民政、城管等多部门服务,通过智能信息化等手段整合到5969个"全要素"网格之中,由14326名专兼职网格员组成的"全科式"服务队伍,为居民提供"24小时不打烊、点对点到家"的全方位服务。"古城网格化精细化治理"、平安旅游创建、景区综合执法等工作得到充分肯定,全省网格化信息化建设座谈会在扬召开。

六、大力弘扬法治精神

大力宣传《宪法》，组织开展国家公职人员轮训学宪法、百万党员学宪法学党章考法、宪法"六进"巡回宣讲、青少年"宪法伴成长"主题活动等。落实宪法宣誓制度，公检法司等政法部门进行广场宪法集中宣誓活动。以市两办名义印发《关于落实国家机关"谁执法谁普法"普法责任制的实施办法》。落实"谁执法谁普法、谁主管谁普法、谁服务谁普法"的普法责任制，推动法治宣传教育有效融入立法、执法、司法、法律服务等活动全过程。完成"七五"普法中期考核，落实普法责任，积极推动法治宣传与法治文化、法治实践的互融互通。制定《扬州市全面提升公民法治素养三年行动计划（2018—2020）》，编印《漫步人生·与法同行》、《阮元家规家训选注》等普法读本。

2018年法治集中评议大会

七、强化法治队伍建设

扎实开展"不忘初心、牢记使命"主题教育,通过组织多轮次宣讲会,开展主题知识竞赛、主题读书交流、"我是党课主讲人"等活动,推进"两学一做"学习教育常态化制度化,持续掀起政法系统学习贯彻十九大精神的新热潮。全面开展政法系统"大比武、大练兵"活动,强化全员练兵和最小作战单元训练,科学提升政法队伍战斗力。公安等政法部门成立高素质、高科技支撑,全天候、全领域备勤的合成机动队,坚持在重要警卫任务、重大事件处置、重点案件侦查中锻造政法尖刀。积极选树先进典型,组织全市政法系统岗位标兵评选,进一步打造扬州政法英模群像,全市"一级英模"6名、"二级英模"9名,江苏"时代楷模"2名,形成了全省知名的"扬州英模群星现象"。

法治评议专题视察市公安局民意访评中心

八、聚力打造特色亮点

优化法治评议工作。经过十年的不懈努力,该市法治评议工作被评为"江苏省十大法治事件"。2018年,以相同工作主题和相近工作内容,选择市中院、市检察院、市公安局、市司法局四个政法部门三项共性工作开展法治评议,本着"找亮点、找问题、找对策"原则,达到促进工作,推进发展的目的。深化经济法治建设。针对中央提出的"三大攻坚战役"以及服务民营经济发展的新要求,2018年经济法治建设以服务民营经济发展、环保法治建设、中美贸易战对全市行业企业影响、金融法治共同体建设、重点金融案件的剖析、环保与食药环领域公益诉讼等现实问题为重点组织研讨会并评比优秀论文;举行新闻发布会,推出政法机关服务民营企业发展六项举措。打造新时期法治文化标识。以"尊

第四届经济法治研讨会暨新闻发布会

《法治扬州之歌》发布仪式

"崇宪法、弘扬法治"为主题,以市政法部门为承办单位,开展四季统筹、城乡联动、此起彼伏的系列法治广场活动。在全市政法工作会议上正式发布《法治扬州之歌》,将此歌作为全市系列法治广场活动的必唱歌曲,安排在市域繁华路段和商业中心的电子显示屏全天候播放,纳入中小学音乐课教学曲目之中,组织各类群众文艺团体演唱竞唱。调优《法治扬州》栏目,将栏目调整到黄金时段和频道播出,同时与"扬帆手机APP"联手进行实时转播、在线观看、全程回放。编辑出版《芬芳美丽满枝桠——扬州法治文化优秀案例撷览》,选取30个法治文化优秀案例汇编成书,向全市免费赠阅。拍摄《芳华绽放——法治扬州十三年》电视专题片。以"五普"方式推进在校生法治宣传教育。普建法治新课堂。在全国率先建成的扬州市法治文化体验馆获评"江苏省法治宣传教育基地",依托市看守所、少年庭、少儿图书馆三个特殊场所建立青少年法治教育实践基地，建成高邮青少年法治教育中心。"普配法治课间餐"，开展"六个一"活动：系列微电影、法治创意案例评选、法治课评选、主题班会、队会、法治夏令营。"普行法治四礼仪"，刚入学儿童的法治开笔礼仪、小学生的法治成长礼仪、初中生的法治青春礼仪、高中生的法治成人礼仪。普唱"法治扬州歌"，以全市在校生为重点传唱对象的《法治扬州之歌》，成为全市中小学生必学必唱必会的歌曲。普领"法治标准操"，研发法治副校长工作指南、系列标准化教案和配套 PPT 课件，开展观摩活动，以法治副校长队伍标准化建设引领在校生法治宣传教育规范化管理。

2018 年扬州系列法治文化广场活动·秋季篇

（中共扬州市委全面依法治市委员会办公室　供稿）

2018年法治镇江发展报告

2018年，镇江市坚持以习近平新时代中国特色社会主义法治思想为指引，认真贯彻落实党的十九大、十九届二中、三中全会、省委十三次全会精神和市委市政府关于加强法治镇江建设的决策部署，全市在科学立法、严格执法、公正司法、全民守法等方面取得了新进展，法治建设水平迈上了新台阶。

一、聚焦组织领导建设，高质量提升法治建设质效

各地各部门将法治建设摆在重要位置，认真抓好落实。

一是抓统筹部署。市委常委会专题研究法治建设工作并讨论通过了《2018年法治镇江建设工作要点》，明确年度工作目标和内容，提出在抓全面部署、抓组织领导、抓"关键少数"、抓服务创新上下功夫，在强优势、创特色、补短板上做文章，深化法治镇江建设，争创法治城市。

二是抓"关键少数"。会同市纪委、市委组织部和市委宣传部对各地各部门党政主要负责人履行推进法治建设第一责任人职责的情况进行了考核，对109个县处级领导班子及其成员进行述职

述廉述法述意识形态考评，考核结果经统计汇总分析后，提交有关部门使用。

三是抓督查推进。组织召开全市法治信息系统填报录入工作部署会，对法治信息系统基本情况、成果填报原则和标准、上年度项目新要求等进行了详细讲解和部署。印发《镇江市法治信息系统任务分解表》，层层压实工作责任。开展了法治镇江建设工作专题督查，对存在的问题予以通报整改。

二、聚焦科学民主立法，高质量行使地方立法权

全市上下结合自身职能和任务分工，切实做好立法各项工作。

一是不断完善立法工作机制。深化立法联系点工作制度，进一步拓宽民众参与立法渠道，在充分调研并征求意见的基础上，将立法联系点由12家调整为21家。组织召开全市首次立法协商

《镇江市消防条例》

会议,组织全市各民主党派、工商联、无党派人士对立法提出意见,不断推动立法协商制度落实。

二是提升立法能力水平。组织召开了法治政府建设暨地方立法能力培训班,邀请全国知名专家教授授课。围绕"有件必备、有备必审、有错必纠"的目标,扎实做好地方立法的备案审查工作。

三是按时序推进法规的制定出台。《镇江市消防条例》《镇江市农村公路条例》分别于9月21日、11月23日经江苏省第十三届人民代表大会常务委员会第五次、第六次会议批准,目前均已正式出台。

三、聚焦法治政府建设,高质量开展依法行政

按照法治政府建设要求,切实抓好依法行政,全力推进法治政府建设。

一是严格落实依法决策要求。出台《关于公布2018年度镇江市政府重大行政决策事项目录的通知》,将"312国道宁镇段快速通道"等四个决策事项列入目录,并全程跟踪督查,确保公众参与、专家论证、风险评估、合法性审查和集体讨论的五大法定程序落实到位。

二是严格规范权力运行。出台《镇江市规范行政审批服务自由裁量权改革试点工作的实施意见》,切实解决当前行政审批公开透明度不够等问题。开展全市工程项目建设招投标检查,全面排查规避招标、虚假招标、围标串标、评标不公等突出问题,促进依法招投标。在镇江12349便民服务网上开设专栏,加强对公益创投立项社会组织的监管,被《中国社会报》头版专题报道。

三是切实提升规范性文件质量。组织开展立法制规"巩固

年"活动,对全市规范性文件制定主体单位制定的规范性文件进行检查与抽查。专门制定《关于进一步做好全市规范性文件备案工作的通知》,实现市、县、镇所有部门和单位备案工作全覆盖。

四是切实提升规范执法水平。组织开展资源环境、安全生产等重点领域行政执法、"两法衔接"情况专项督查。开展全市文化市场综合执法岗位技能大比武活动,有力提升执法能力和水平。打造市场监管法律人才库,整合法律人才资源。

四、聚焦司法体制改革,高质量推进公正司法

以提升执法司法公信力为主线,稳妥推进执法办案、司法改革等重点工作。

一是依法履行审判职能。1—11月,全市法院受理案件105966件,结案85357件,同比分别上升8.81%和16.42%。依法惩处刑事犯罪,共受理一审刑事案件3248件,审结2747件,同比分别增长7.41%和3.78%。严厉打击非法集资犯罪,成立非法集资犯罪陈案攻坚战领导小组,全面排查、清理非法集资陈案,审结33件,涉案金额55.25亿元。加强涉诉民生权益保护,受理一审民事案件47433件,审结35860件。妥善审理民间借贷纠纷案件6645件,打击"套路贷",依法规范民间融资行为。

二是突出司法改革创新。开展检察机关司法体制改革情况调研,找准问题和不足,提出切实可行的意见建议,推动司法体制改革。加强新型审判团队建设,全市基层法院共组建181个"1+N+N"审判和执行团队,促进扁平化管理和专业化审判,有效提升了审判执行工作质量和效率。全面探索推进公益诉讼工作,上半年两级院共发现公益诉讼线索618件,立案49件。市公安局积极推进案件管理中心、执法办案中心、涉案财物管理中心一

体化建设，结合网上巡查、实地抽查等手段，加强对警情、案件、人员、场所、财物、卷宗等执法"六要素"的监督管理，实现执法全过程可回溯。

三是积极践行司法为民宗旨。句容市法院制定《关于依法保障和服务全域旅游的实施意见》，设立"两山一湖"景区巡回审判点和涉旅游纠纷合议庭，全力服务"全域旅游"发展战略。润州区检察院重点推进"一封信"专项活动，通过主动向案件当事人及其家属随案寄送"一封信"，及时沟通案件有关情况、提供案件咨询服务，实现案件当事人及其家属与检察机关的双向互动。

五、聚焦全民法治信仰培育，高质量开展法治宣传

认真贯彻"七五"普法规划，深入推进"谁执法谁普法"责任制落实，着力提升全民法治信仰。

一是抓统筹规划。全力推动"七五"普法规划实施，相继出台贯彻"谁执法谁普法"责任制实施意见、考评办法和责任清单，打造了"谁执法谁普法·十佳创新项目"、部门"普法月历"等特色品牌，推动由"小众普法"向"大众普法"转变。推进基层依法治理，新增3个国家级民主法治示范村，省级以上民主法治示范村（社区）创成率达48.3%，居全省前列。

二是抓"关键少数"。组织169名新任县处级领导干部进行法律法规知识考试。出台《关于进一步加强教育系统领导干部、公务员学法用法工作的意见》。严格落实《全市公安机关开展宪法学习宣传教育活动实施方案》，推动领导带头学习法律、掌握法律，带头厉行法治、依法办事，发挥"头雁效应"。

三是抓"普遍多数"。充分利用《法治周刊》宣传平台，凝聚法治宣传力量，讲好法治故事，目前已出刊96期，该项创新工作

《法治周刊》第 96 期

获江苏省首批优秀法治实事项目提名奖。制订出台《2018年培育和践行社会主义核心价值观推进意见》，通过制度建设和实践引导，培育广大市民敬法、守法意识。大力推进"德法融合"，推动法治文化阵地品质提升工程，加大法治类社会组织培育，推广建立"乡贤会""百姓议事会"等社会组织，优化"一村（社区）一法律顾问"制度，推进"法律顾问之家"和村（社区）"法润民生"微信群建设全覆盖。

六、聚焦法治创建，高质量推动法治惠民利民

以法治创建为载体，紧紧围绕法治城市、法治县（市、区）创建工作，重点改善民生、维护民权、争取民利，让群众享受法治红利，有力提升了法治建设水平。

一是扎实推进法治惠民实事项目。年初，市法治办在统筹谋划并充分征求民意的基础上，部署了省法治办确定的8件法治惠民实事项目和29件市级法治惠民实事项目；各辖市区法治办迅速贯彻落实，结合本地实际确定并部署推进本地区法治惠民实事项目。截至目前，所有实事项目均按序时进度要求推进落实。在省法治办开展的首批全省优秀法治实事项目评选中，该市上报的5个法治实事项目全部榜上有名。

二是创新开展法治护航乡村振兴战略。市法治办、市委组织部、市委办、市委农办、市农委围绕法治护航乡村振兴战略，积极开展了调研工作，形成了《强化法治建设　护航乡村振兴》调研报告，被市委《调查研究》《创新》等刊物刊载，获得第三届法治河南乡村论坛征文一等奖，并被市委主要领导批示肯定。

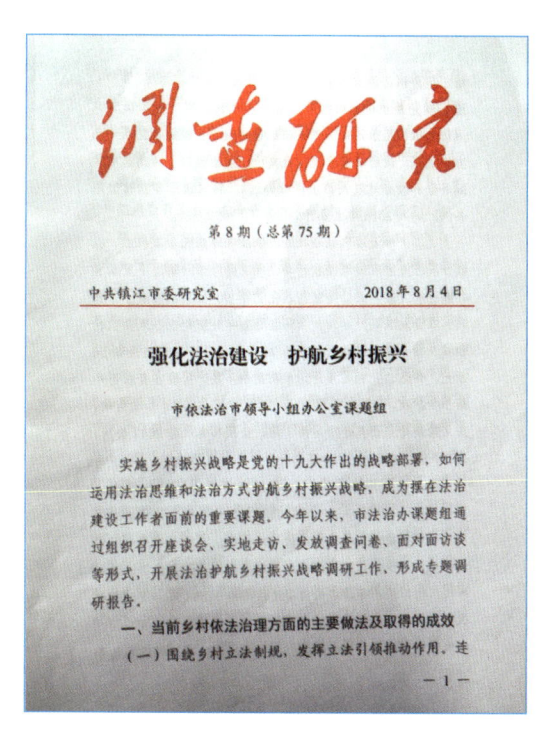

法治护航乡村振兴战略调研报告

根据批示要求，确定了 30 个村（社区）开展法治护航乡村振兴战略试点工作，并以点带面全面推开。

三是"法治惠民镇村行"工程深入推进。法治建设工作指导员积极深入镇村开展法治指导，指导基层党组织依法履职、依法决策、依法办事 5586 次。通过监督指导和审核把关，规范基层执法行为 3570 次，指导制定规范性文件 190 件。参与网格化矛盾排查与化解、"1+3"模式服务团队等活动，在征地拆迁、土地确权与流转、"263"集中整治等方面，累计进村入户达 7700 次、化解矛盾纠纷 1389 起，为群众提供了家门口的调解服务。推动落实基层法治惠民实事项目 650 件。举办各种类型的法治讲座 2398 场，送法进镇村 3850 次，服务基层群众 10 万余人次，先后被司法部、江苏法制报等推介报道，获评江苏省政法工作优秀创新成果奖、江苏省首批优秀法治实事项目。

法治建设指导员进村入户法治宣传

（中共镇江市委全面依法治市委员会办公室　供稿）

2018年法治泰州发展报告

2018年,泰州市严格贯彻落实中央全面依法治国委员会第一次会议精神,牢固树立"让法治成为泰州发展核心竞争力重要标志"的理念,围绕争创全省"平安建设示范区、法治建设先导区、社会治理样板区"的定位,紧盯"创国省先进地区、创优良法治环境、创一流政法队伍"的目标,切实履行法治建设第一责任,主动服务经济发展第一要务,实现了法治与政治、经济、社会、文化、生态文明的协调发展,为致力市委"四个关键突破""交好五张答卷"营造了公平正义的法治环境。

一、锁定目标,务实推进,组织保障坚强有力

一是始终坚持党政主导。严格贯彻落实《泰州市党政主要负责人履行推进法治建设第一责任人职责清单》,党政主要领导把法治泰州建设纳入全市经济社会发展总体规划,列为市委市政府重点工作和责任目标,与经济、政治、文化、社会和生态文明建设同部署、同落实、同检查、同考核。

二是始终坚持责任导向。全面落实法治建设"一把手"负责

制，与各地各部门主要领导签订《法治建设责任书》，开展法治综治"一揽子"考评，将责任书完成情况纳入绩效管理，严格兑现奖惩。

三是始终坚持齐抓共建。市人大、市政协多次组织专题调研和视察，共同推进法治泰州建设。充分发挥依法治市领导小组6个协调指导办公室牵头部门的牵头、协调、指导作用，督促各成员单位尽职尽责，确保各项任务落到实处。各成员单位根据职能分工，主动研究、主动作为、主动担当，推进工作有序开展。创新开展"十佳法治型党组织""十佳法治人物""十佳法治教育课件""十佳法治为民办实事项目"等系列评选活动，各条线各行业参与法治创建的热情日益高涨。

二、突出重点，把握关键，法治创建提质增效

一是地方立法逐渐完善。编制了年度立法计划，围绕年度立法项目，多次开展立法调研，组织立法听证，召集专家进行立法论证，确保了地方性立法的质量。年内，两部地方性法规《泰州市电力保护条例》和《泰州市历史文化名城名镇保护条例》已获省人大常委会批准施行，一部地方规章《泰州市游泳场所卫生管理办法》已经市政府常务会议审议通过并颁布实施。

二是施政决策科学民主。依法决策制度有效落实，党政法律顾问制度实现全覆盖，在全省率先制定出台地方性标准《泰州市党政机关及其直属事业单位法律顾问服务规范》，相关做法得到中办法规局的肯定，中办《党内法规研究》、"交汇点"等刊物和媒体先后介绍了泰州的经验做法。

三是法治政府加速推进。分类推进基层综合执法体制改革，制订了《关于进一步完善乡镇（街道）行政执法体制机制的意

见》，解决了基层执法中长期存在的"有责无权"问题；行政审批再提速，所辖市（区）全面组建行政审批局，"3550"审批流程再优化、不见面审批服务再深化、相对集中行政许可权改革市域全覆盖，实现了行政审批"网上办、集中批、联合审、区域评、代办制、不见面"；行政执法更加规范文明，行政执法公示、执法全过程记录和重大执法决定法制审核"三项制度"全面落实。

四是司法公信稳步提升。全面推进司法责任制及配套制度改革，法官、检察官员额动态管理制度健全完善，员额退出、增补机制有效落实，权责统一、监督有序、制约有效的工作机制基本建立，法检内设机构改革走在全省前列；司法公开全面深化，警务、检务、审务公开常态化，网上办案、网上司法拍卖、司法听证、新闻发布等机制进一步完善，人民群众对司法的满意度不断提升；司法监督更加有效，创新开展"执法司法评议""千人听庭评案""百案评查"等活动，主动接受群众监督；司法救助保障到位，

执法司法评议工作动员部署会

年内办理司法救助案件405件，救助当事人425人，总计救助金额955.84万余元，律师参与化解和代理涉法涉诉信访工作在全省涉法涉诉信访改革专题培训班作经验交流，司法救助工作经验在《江苏法制报》上刊登。

三、丰富载体，注重特色，法治精神深入人心

一是法治教育机制更加完善。 市两办印发了《关于推进"七五"普法"六个深度融合"的指导意见》，推动"七五"普法与党委中心工作、精神文明创建、社会主义核心价值观、优秀传统文化、公民道德实践、群众生产生活的深度融合，建立了泰州市落实普法责任制联席会议制度，出台了《泰州市国家机关"谁执法谁普法"普法责任制实施办法》，制定了年度普法责任清单，形成了部门分工负责、各司其职、齐抓共管的工作格局，全市"七五"普法中期工作亮点纷呈，成效显著，受到省督查组高度肯定。

"七五"普法中期考核部署会

二是法治教育载体更加丰富。创新开展宪法宣传"124行动",即举行一次宪法集中宣誓,在全社会掀起宪法大学习、大讨论两大高潮,面向全市人民开展"十进"送宪法、"百团"讲宪法、"千嘴"说宪法、"万家"懂宪法四项具体行动;在全市高校、中小学校和幼儿园中开展"泰州市法治校园"创建活动,构建学校、社会、家庭三位一体的青少年法治教育体系;制定《推进"法治大讲堂"标准化建设工作的实施意见》,推进"法治大讲堂"规范化、制度化运行;依托"大走访大落实新风行动",开展"以案释法基层行";举办"法韵·凤城""七五"普法成果展,集中展示全市普法特色亮点,累计接待群众5万余人次。

宪法宣誓

三是法治文化特色更加鲜明。出台《关于加强法治文化公共设施管理的意见》,全市新增省级法治文化建设示范点25个;打造法治文化新阵地,在全市图书馆、博物馆、展览馆、纪念馆、文化馆等开辟法治文化专区,在乡镇文化站、农家书屋、职工书屋、社区文化中心投放普法宣传资料；积极推进法治文化广场公园、长廊街区、景观小区建设，新建或提档升级以全省首个高校宪法文化广场、全省首家行业系统依法行政展示厅、全省唯一的江苏盐税博物馆等为代表的各级各类法治文化阵地151个。

四、以人为本，聚心惠民，法治红利不断释放

一是加强基层社会治理。围绕服务乡村振兴战略实施，制定出台了《关于加强城乡社区治理和服务的实施意见》，大力推进城乡社区自治法治德治相融合，先后涌现出兴化市乡贤评议团、姜堰区元老会、海陵区百姓议事团、靖江市温馨家园"365"等一大批群众自治模式。完善矛盾纠纷多元化解机制，推进"枫桥经验"落地生根，制定了《关于坚持发展"枫桥经验"实现矛盾不上交暨人民调解参与信访矛盾化解试点工作的实施方案》，建立了6个县级调处服务中心，实现了"一门式受理、一条龙服务、一体化调处、一揽子解决"的目标。

二是优化公共法律服务。将"12348公共法律服务平台建设"列入市政府改善民生实事项目，选聘12名专职律师成立法律服务队，实现了线上线下一体化服务；开发12348微信平台，与12348网站互联互通，建立了"电子法律地图"导航系统，通过手机终端定期发布法律热点资讯和法律风险提示；创新开展"公益邮路""六访六助""百日维薪""律动快车"等法治服务行动，切实营造亲商安商护商的良好氛围，"施法护航·企稳前行"法律服务专项行动在央视播出。泰兴市关爱"事实孤儿"，出台《关于"事实孤儿"关爱和保护工作实施办法》，得到上级领导批示肯定，江苏省三级检察机关的有关同志和各方代表赴泰研讨关护"事实孤儿"。

三是持续推进法治惠民。 在实施省级实事项目的基础上，结合实际，创新开展"法惠万家"行动，成效明显。市法院、检察院持续深化生态环境保护工作，出台了里下河及沿江地区生态文明建设实施意见等一系列规范性文件；市法院大力实施沿江生态环境保护工程，联合公安、环保、农业、水利等部门，成立"泰州生态文明司法促进中心"，相关做法被央视等30多家媒体报道，"泰有力"重拳治污专项活动得到市委书记肯定。市教育局成立青少年关爱保护中心，开展"护航学子·法润青春"专项行动；市食药监局在市区建成4个快检中心、25个食品快检室；市司法局建立法律援助、劳动监察、劳动仲裁协作联动机制，设立农民工维权法律援助工作站，推行劳动争议法律援助律师值班制度；市消防支队从源头上消除电动车充电不当引发的消防安全隐患，推进智能充电进社区，打造"智慧用电"新模式；市质监局实施"质量益

长江生态环境泰州司法论坛

民、标准利民、认证为民、计量惠民、特设安民、法制助民、稽查护民"为主题的七大民生工程,有效提升百姓生活品质;市公安局在全省率先设立24小时公安综合办证服务区,打造全天候"不打烊"自助服务区,赢得市民广泛赞誉。

法律援助报告会

(中共泰州市委全面依法治市委员会办公室 供稿)

2018年法治宿迁发展报告

2018年，宿迁市坚持把法治建设作为全市高质量发展的重要内容和根本保障，着力实施法治建设"六大工程"，推动依法治市各项工作深入开展。该市5个县（区）全部迈入全省法治建设先进行列，实现法治县（区）创建"满堂红"。

一、依法执政机制得到新健全

一是强化责任落实。按照"制发一份清单、举办一次专家解读、开设一个电视栏目、研究一套考核体系、开展一次履职督导、形成一份年度报告"的"六个一"标准，认真落实党政主要负责人履行推进法治建设第一责任人职责，市委市政府始终坚持把依法治市工作纳入经济社会发展规划和全市综合目标考核，并将党政主要负责人履责情况纳入政绩考核内容。

二是突出工作重点。制定《2018年依法治市工作要点》《2018年度贯彻落实〈市委四届五次全会重要举措实施规划（2016—2020年）〉重点项目清单》，组织实施"法治责任彰显、法治素养培育、法治窗口创优、法治实事惠民、法治文化精塑、法治

市委书记张爱军调研涉法涉诉联合接访中心

满意度提升"六大工程，出台《关于组织开展法治宿迁建设"六大工程"的实施意见》。

三是加强督促指导。制定《2018年度县区依法治市工作考评办法》《2018年度市级机关依法治市工作考评办法》，围绕考评办法及法治重点工作开展督促指导活动，定期召开工作例会。3月份以来，先后召开法治城市创建指挥部34个成员单位座谈会、市法治城市创建指挥部10个工作指导组牵头单位联络员督导会、市法治城市创建指挥部5个重点工作指导组协调会共9次，提高法治建设组织化程度。

二、科学民主立法水平获得新提升

一是加强立法领导。按照市委工作要求，将法治建设工作与常委会立法、监督、代表等工作同部署、同检查、同考核，加强立法工作研究，制定2018年度立法计划。

二是科学民主立法。拓宽公众有序参与立法途径，创新制定《宿迁市公众参与制定地方性法规办法》。立足宿迁市实际，找准立法的重点难点，制定《宿迁市古黄河马陵河西民便河水环境保护条例》《宿迁市社会信用条例》《宿迁市旅游促进条例（草案）》三部地方性法规，有效发挥地方立法对改革和发展的引领推动作用。

《宿迁市旅游促进条例（草案）》立法调研座谈会

三是加强立法智库建设。按照民主、公开、择优原则，优化调整规范性文件备案审查专家咨询组、立法专家咨询组、基层立法联系点队伍的构成，发挥其专业支撑和智力支持作用。

三、法治政府建设彰显新成效

一是高位谋划法治政府建设。制定《2018年全市法治政府建设工作要点》，从7个方面27项指标精准固化全年法治政府建设工作任务。

二是强化依法行政管理。出台《宿迁市人民政府工作规则》，进一步规范政府及工作人员依法行政行为。以创建重大行政决策规范化管理试点市为契机，确立重大行政决策规范化管理工作模式，9月顺利通过省级专家对试点的评审验收。

三是规范行政执法。开展重点领域执法检查，委托第三方评查，倒逼行政执法人员提升执法综合素养。推进行政复议信息化建设，2018年新收案卷实现全流程追踪强化制度刚性约束，全市行政复议案件行政机关负责人出席率达100%。2018年结案的涉及市级行政机关的行政诉讼案件实现零败诉，负责人出庭应诉率近100%。

四是深化行政改革。在全国率先推出资格资质去行政化、"一证一号"等一批原创性改革的基础上，探索信用承诺简化审批改革，深化"证照分离"试点改革和"不见面审批"改革。目前，

举行全市调解仲裁"政校企"合作暨揭牌仪式

行政许可、行政给付、行政征收、行政奖励、行政确认及其他等6大类全部在政务服务一张网上运行，其中，90%以上的事项实现"不见面审批"。5月省审改办将宿迁确定为全省"不见面审批"标准化试点市，信用承诺简化审批改革做法获省审改办肯定并在全省推广。

四、公正廉洁司法取得新进展

一是强化司法保障。出台《服务保障企业家创新创业实施意见》《关于充分发挥检察职能服务和保障宿迁高质量发展的实施意见》《建立涉企纠纷诉调对接工作机制的实施意见》，加强产权司法保护。出台促进金融生态市建设的意见，防范化解金融风险。服务生态宿迁建设，加强生态案件巡回审判，审结破坏生态环境犯罪案件89件224人，其中非法采矿犯罪48件151人，强力震慑危害生态行为。

二是深化司法改革。以独任法官、合议庭为核心的新型办案团队全面建立，院庭长办理重大疑难复杂案件成为常态。刑事案件律师辩护全覆盖改革试点有序推进，律师辩护比例从改革前的40%提高到80%以上。出台《宿迁市检察机关受理监察委员会移送案件工作规定》，理顺职务犯罪案件内部流转程序。截至年底，全市员额法官达到322名、检察官172名。

三是健全执法司法监督机制。出台《民事行政审判违法行为监督专项行动实施方案》《关于全面推进宿迁检察工作高质量发展的意见》，围绕刑事、民事、行政监督发展不充分不平衡问题，形成"以事中监督为主，事前、事中、事后监督紧密结合、各有侧重"的实体监管体系。出台《宿迁市检察机关代表联络工作方案》，明确16项代表联络特色项目，对全市457名人大代表由市县两级院领导进行包办联络。制定《执法监督力量联动整合实施方案》，建立"6+6"执法大监督体系，实现对执法工作的全覆盖。

五、法治队伍建设展现新面貌

一是组织国家工作人员学法培训。举办第8期全市领导干部（法治业务）专题培训班、市直国家机关工作人员宪法知识讲座，将法治内容纳入全市"836计划"科级干部培训班内容，将《法治中国》纪录片设置为宿迁干部在线学习平台全市党员、干部、人才必修课。

2018年12月5日，举办市直机关国家工作人员宪法知识讲座

二是实施法治文化精塑工程。推进法治文化阵地建设，全年新增10家特色法治文化广场。以法治文化引领文明城市创建，在《宿迁文明20条》2.0版里加入法治元素，在公益宣传标语、广告牌中加入法治内容。制作开播《领导干部谈法治》电视栏目23

期，每半月安排一期县区党政主要负责人或市法治建设重点单位主要负责人就法治建设谈认识、讲做法、谋长远，时长126分钟，网络点击率突破80万。制作《法治建设》公益宣传片，在市政府大楼、宿迁电视台、市公交站台、便民方舟、汽车客运站等大屏循环展播。以"法治智慧"开解城市综治课题、"法治思维"开辟"草根式"基层民主新路径等经验做法被《法制日报》以内参形式刊登。

三是广泛开展法治宣传活动。组织"宪法宣传周""道德讲堂""德法宣讲""共建绿色校园""劳动创造美好·德法涵养文明"等活动，并在重要时间节点，通过文艺演出、展板宣传和现场咨询等方式，向群众宣传法律知识、提供法律咨询服务。3月底，全省法治宣传工作暨"德法涵养文明·共建绿色生活"活动动员部署会在宿迁召开。

举办宪法宣传骑行活动

六、法治建设形成新特色

一是提升法治惠民实事质效。 结合全市实际，在落实省级 8 个法治惠民工程基础上，新增市级法治惠民实事工程 6 个，县区法治惠民实事项目 70 件，通过加强督查考核，所有项目全部完成。1 个项目被省依法治省办表彰为首批全省优秀法治实事项目，4 个项目获首批全省优秀法治实事项目提名奖。

二是强化法治窗口形象。 出台《宿迁市创建法治型机关实施方案》，促进市级机关带头践行社会主义法治理念；开展 2017—2018 年度依法诚信经营企业创建活动，引领企业模范法治。

三是深化法治信息化建设。 制发《宿迁市法治信息化建设实施方案》《宿迁市法治信息系统工作管理制度》，编制《法治信息系统实务手册》《法治信息系统填报指引》，促进法治信息化建设。

（中共宿迁市委全面依法治市委员会办公室　供稿）